ブス酒場

女も酔う 奇跡の55店

のんべえライター
本郷明美

「おとなの週末」の懲りない面々

およそ15年ほど、雑誌「おとなの週末」の食べ歩き、飲み歩きの仕事をしている。この雑誌の最大の特色は、「覆面取材」を日本の雑誌のなかでいち早く取り入れたことだろう。

それまでも「食関係」の仕事はしていたが、テーマに合わせて他の雑誌に載っているよさそうな店に、即取材を申し込んでしまうことが多かった。たとえば、「秋の和食」だったら、自分の知っている店に加え、ざっと他誌やガイドブックを見て決めてしまうのである。それ以外は、せいぜい周りの食べ歩きが好きな人にリサーチするくらいか。自腹で食べ歩き、飲み歩き、改めて取材を申し込むなど、出版社の経費、時間共にないからと諦めていた。周りの仕事仲間に聞いても、どの雑誌もたいていそんなものだったと思う。

ところが、「おとなの週末」は、「必ず一度その店で客として食べてくれ」というのだ。その経費はもちろん出してくれる、という。「すばらしい！」と思った。客として食べて、よかった店には、その後改めて電話で取材依頼をするのである。

「先日客としておじゃまして、とても美味しかったので」と申し込むと、たいていの店は、取材を受けてくれる。こうして後日改めてカメラマンと共に取材する店以外に、「正式取材はしないけれど、よかった店」として、覆面取材の際に記者が撮ったデジカメの料理写真を使って紹介する店もある。

さらに、「おとなの週末」では、正式に取材、撮影した際の料理代も編集部から、「きちんと払うように」と申し渡された。それまでは、「言われたら仕方ないけど、なるべく払わないで」「料理代出してくれる店を取材して」など、いかに経費を出さないかに苦心する編集部がほとんどだった。

編集部によれば、店に「借り」というと大げさだけれど、記事を書く上で遠慮をしないためだという。そうした「フェア」な仕事の進め方がとても気持ちよいのだ。

しかし！　常にいい店を追い求める、ということは毎日、毎食……とは言わないが外食はほぼいつも下見のようなものである。

「覆面取材」そのものは、はっきり言って過酷である。「ハンバーグ」「寿司」「鍋」「焼肉」「焼き鳥」などお題が決まり、担当ライターたちがたいてい3週から1カ月くらいの間に1人40～60軒は回る。私は当たらなかったが、「カツ丼」なんかはいかにも大変そうだった。どんなにおいしい肉でも、おいしい寿司でも、人間は飽きるものである。鉄の胃袋と肝臓を持っていると自負する私ではあるが、「ああ、家に帰ってお茶漬け食べたい」と何度思ったことか。

たまにある、「新宿」「銀座」「神楽坂」など「街しばり」のお題のときは、うれしかった。そのエリアでジャンルを問わずいい店を見つければよいので、1日3軒とも同じジャンルということはないからだ。

私の記憶では、編集者やスタッフまじえての宴会は、あったとしても年に1回。忘年会か誰かの送別会だ。

「だって、同じ店に大勢で行ったらもったいないものね」

担当の編集者がこう言ったときは、うなった。だったら、みんなバラバラで違う店に行き、いい店を探した方がいいという……すごいプロ根性である。

初代編集長に創刊当時の思い出を聞いたことがある。覆面取材を始めたころは編集スタッフも少なかったので、全員が昼に2店、夜に3店と食べ回る超過食の日々が続き、ほんとうに大変だったという。

「いや、『これはえらいことを始めちゃった』と思ったよ。それで、『店には悪いが、少し食べて味がわかったら残して出よう』という方針にした。携帯電話に会社から連絡が来たことにして、『すみません、すぐに社に戻らなくてはならなくなって』とやる」

しばらく、その作戦を続けたというが、後味が悪いし、何より一生懸命料理を作った店の人に悪いと考え直したという。

「それに、ちょっと味見するだけでなく、最後まで食べてお会計をして出るというところまでしなければ、その店の本当のところはわからないんじゃないかと。だから腹は苦しくても、普通に客として、食事を楽しんで、いい店だけを紹介すると決めた。その後スタッフも増えたから楽になったけど、みんながんばってくれたよね」

そう、私たちは本当にがんばった。いや、今もがんばってはいるのだが、以前は今にして思えばかなり「ムチャぶりミッション」が多かった。それに、忠実に応えていたと思う。たとえば、回転寿司を回るというミッション。しかし、ただそれだけではない。各店のネタとシャリの重さを量って来い、というのである。はい、ホンゴー言われたとおりにしました。席に座って注文し、おもむろに携帯用の秤を出す。シャリとネタに分けて、測ってから、元に戻して食べる。友だちに付き合ってもらっているときは、まだいい。

「いやぁ、医者から食事制限されちゃって。食べたごはんの重さを言わなくちゃいけないの。ごめんね、ちょっと失礼」

これでもだいぶあやしいが、まだ一人ではないという心強さがある。付き合ってくれる友人がいつもいるとは限らず、一人のときは黙々と測って食べた。……だいぶ、不気味な客だったであろう。

「計測」ミッションは、大盛りが売りの店の丼物やジャンボ餃子などでもあった。

また、餃子やハンバーグは「断面」のシズル感を大事にする。正式な取材のときはもちろん、覆面取材の際も、ハンバーグなどをきれいにナイフで切って断面をデジカメで撮影する。今のようにSNS用に凝った写真を撮る人は少なかったから、だいぶ落ち着かなかった。「正式取材はしないがいい店」と判断した場合、覆面取材の際の映像を誌面に使う場合が多いので、「断面」写真を忘れてまた食べに行ったこともある。

その「ムチャぶり」に応えるのだから、ライター陣も個性的である。

美味しい物が好きなあまり、「どうやってこんなに美味しい料理を作ったかを知りたくなってしまうの」と言うIさん。食雑誌のライターが天職のような方だが、「覆面取材」には向かない。初めは普通の客として店の方と話しているのだが、次第に熱を帯びてきて、「この素材は何か」「このソースはどうやって作るのか」などほぼ取材のような会話になるのもしばしば。挙げ句に「実は私、ライターで」と素性も明かしてしまう、「ーさんの覆面取材は覆面になっていない」というのは有名な話である。

男性ライターAさんは、撮影用に買った大量のメンチカツを社のスタジオに運ぶとき、タクシーを降りた瞬間に転んでしまった。しかし、「メンチカツだけは守らねば」と……地面に手をつかなかったために、顔面が血だらけに。嗚呼。以後Aさんが「死んでもメンチを離さない男」として知られた。いや、死んではいませんが。

「ギャル曽根」並の胃腸を持つ「満腹を知らない女ライターー」Bさんのことは、本当にうらやましい。覆面取材何軒でもOK、しかも太るということを知らないのだ。

大酒飲みは……ほとんどのライターがそうであった。私「のんべえライターー」を名乗っているけれど、それが申し訳ないくらい酒に強い人が多い。特に推定毎晩一升酒を飲んでもけろりとしているNさんにはかなわないと、密かに敬意を抱いている。

「おとなの週末」は、4年前、大リニューアルをしているが、その基本姿勢は変わっていない。みんなが日々いい店を求め、食べ歩き、呑み歩く——すてきな雑誌です。

ブラ酒場 ー目次ー

ブラ酒場　ー目次ー

本書に掲載する各店のメニュー名と内容、値段、店のデータなどは著者の取材時のものです。各店の事情や時期により変更されることがあります。

1

東京・東のいい店9軒&立ち飲み3軒

●みますや―神田―

110年を超え、心地よい「普段着」であるすごさ

神田の『みますや』は、明治38年創業。西暦で言えば1905年であるから、創業114年になる超老舗だ。風情ある木造の一軒家、格子戸に縄のれん、そして「どぜう」の赤提灯。初めてその前に立ったとき、ちょっと緊張……したのだが、入ってみると、拍子抜けするほどに気軽だった。お座敷で宴会をする人たち、会社帰りの一杯というグループもおり、失礼承知で言うと、「あれ、意外に普通」という第一印象だった。しかし席に落ち着いて店内をよく見れば、使い込まれた木の座卓、何度も消しては書いたであろうお品書きの黒板など、もう、うれしくなるほどシブイ。

つまみは、よく味の沁みた肉豆腐、ぜんまいの煮物、ポテトサラダ。ああ、ほっとする、いい味である。以来、近くに来ると寄りたくなる一軒になった。

そして、なんと『みますや』、ランチタイムもあるという。あるとき、どんなランチなのかのぞいてみたくなった。まずはみんなお盆を持って並ぶ。アジフライや鯖味噌など主菜、それ

に副菜から好きなものを選び、ご飯をよそってもらい、お勘定をする。これで750円だ。ふとレジ横を見ると、カレールーがあの西洋式の容器に入って置かれている。やけに美味しそうだ。

「プラス200円でどうぞ」と、店員のおばさま。素敵すぎる！　カレーライスだけで終わりたくはないんだけれど、ちょこっとカレーを欲するとき、ありますよね？　そんな気分を200円で満たしてくれるなんて。レジ横というのもいいではないですか。

この日選んだアジフライはさくさく、肉厚で美味、ちょこっとカレーにも満足。ゆっくり飲む雰囲気ではないけれど、今度ランチビールもしてみよう。

また別の夜には、ちょっと奮発し、馬刺しをつまみに「飛良泉」を冷やでいただく。もう10時近くなる頃、この夜2，3軒目だと思われるスーツ姿の男性2人連れがやってきた。

「へえ、ここしぶいねえ」と言い合うところをみると、前知識なく入られた様子。お二人が、楽しく飲んで帰っていく。この日も、やはり変わらない『みますや』なのである。私は、初めて来たとき、「意外に普通」だと思った自分にあきれた。

老舗、創業100年などと謳い、敷居を高くするのは簡単だろう。しかし、『みますや』はまったく気取らず、おそらく昔のままに営んでいる。心地よい普段着のような、ほんとうの「大衆酒場」であり続けているのだ。そして、安くて美味しい昼ごはんまで出してくれる。なんだかうれしくなって、泣けてきた。好きです、みますや。

「ぜんまい煮付」など気取らないつまみが揃う

【みますや】

■東京都千代田区神田司町2―15―2　☎03―3294―5433　■11時半～13時半、17時～22時半　日曜・祝日休

■席：テーブル、座敷、計130席　■つまみ：きんぴら450円、肉じゃがいも500円、肉豆腐500円、揚なす500円、牛にこみ600円、切干大根500円、ぜんまい煮付500円　■酒：日本酒（飛良泉、八海山、磯自慢など1合）750円、生ビールジョッキ600円、ワイン（ボトルのみ）3800円、酎ハイ350円、焼酎ロック400円

■創業100年を超える老舗にもかかわらず、まったく気取らない雰囲気とつまみの数々。「社食」のようなセルフサービスのランチタイムもいい

●兵六―神保町―

コの字カウンターは異空間、時空を超えた酒場

かねてより、「憧れの居酒屋」というのが何軒かある。だいたいが老舗であって、あまり雑誌などには出て来ない。人間で言えば、硬派ですね。そしてやはり人間と同じで、会えないうちに憧れを勝手にどんどん高まらせ、どんどん行きにくくなるという次第。

『兵六』も、そんな一軒だった。神保町の路地にたたずみ、縄のれんの中はうかがいしれない。江戸時代の一杯飲み屋のような風情に、提灯には堂々と描かれた「兵六」という墨字。電話も置かないというのだから、ああ、もう

たまらない。

やっと出会いが叶ったのは、神田のビアホールでビールをほどよく呑んだ夜。憧れの人に会うのだから、多少アルコールで勢いづいていたほうがいい。かといって、へべれけでは失礼。この日はちょうどよい夜だった。連れは、男性の仕事仲間がひとり。はしゃぐでもなく、穏やかに酒を呑む人だ。これもまたよし。

縄のれんをくぐると、席は8割がたうまっていた。

「こちらへどうぞ」

あれ、勝手に年配の頑固系を思い描いていたが、意外にも物腰の柔らかい若いご主人である。長年燻されて飴色に色づいたお品書き、いい具合に使い込まれたコの字カウンター。時空を超えて、ここだけぽっかりと浮かんでいるような小宇宙だ。カウンターの一角に落ち着き、瓶ビールをほーっと一杯。

お品書きには、意外にも餃子、炒菜、炒麺……などとある。

「へえ、中華があるんですね」と連れのヤスくん。

「でも、さっきのビアホールでけっこう食べましたからね。ぬたなんかがいいな」

たしかに。ちょっとさっぱりいこうと、「わけぎとしめさばのぬた」をお願いする。

瓶ビールを空ける頃、さっきから小さなヤカンというか金属製の急須というか、そんなものがみなさんの前に次々と置かれる。

「あれ、むちゃくちゃ気になりますよね」と連れのヤスくんもつぶやく。

「すみません、あのヤカンは何ですか……?」

「さつま無双、お湯割りです」

ご主人が答えると、まわりのおなじみさんが盛り上がる。

「これは呑んだほうがいいよ」

もちろん、いただいてみます! こういうオススメのされ方、好きだなあ。みんなそれぞれ和やかに呑みつつ、共有している感じ。かといって、決して押しつけがましくない。

「さつま無双」を呑んでみて納得。これはいい。風情もあるし、焼酎の原酒と、お湯が別に来るから自分のペース、好みの濃さで呑める。舌の上でとろける「ぬた」を、お湯割りがさっぱりと受け止める。

「憧れてたんですが、やっと来られた。いい店ですね。ぐふふふ」

うれしさと多幸感に浸っていると、ヤスくんがつぶやいた。

「ほんごーさん、ボク、向かい側にいる人が大学の水泳部の先輩じゃないかと。さっきから気になってるんですが」

「へっ？　ほんとっ？」

「どう見てもナカノさんなんですよ。でも卒業して以来会ってないから……」

「もう20年以上でしょう、顔変わってないの？」

やはり、その先輩に間違いないという。奥さんらしき女性と、カウンターで楽しげに呑んでいる。

「先輩はそのまんまでも、キミは変わったんじゃ……」

水泳部だったとはとても思えない、立派なお腹に思わず目が行く。お勘定を済ませたのち、彼はその方に声をかけた。

「おおおー！　ヤス？　ほんと？」

本当にナカノさんだったのだ。盛り上がって声を上げてしまったふたり。ナカノさんはあっと口

をふさぎ、ご主人に断りを入れてテーブルへと移った。思ったよりはずっと気楽な店だったが、騒ぐ雰囲気ではない。

「すごいなあ、こんなところで会うなんて。この店よく来るのか?」

ナカノさんは隣でにこにことしている奥さまと一緒に、時々呑みに来られるそうだ。ご夫婦で『兵六』呑み、素敵です。

水泳部の先輩と後輩は、「あいつどうしてる?」「同窓会参加しましょうよ」などと盛り上がっている。その様子にこちらまでうれしくなり、奥さんと共にくいっと「さつま無双」を呑む。ああ、いい店だなあ。

東京の、ほんとうに小さな酒場で、20年以上の時を経て再会する。奇跡、というより、『兵六』という時空を超えたような酒場ならばそれが不思議ではない気がしてくるのだ。「磁場」という言葉が浮かぶ。

しばらく経って、『兵六』を再び訪れた。この前はお腹がいっぱいで食べられなかった餃子や炒菜を友だちとほおばりつつ、瓶ビールが進む。これがまたうまい。

すると、7、8人の客が一気にやって来た。すでに呑んでいるらしく、ちょっとにぎやかだ。

「ああ、こっちから回ってください」とご主人の声。

全員入るのは無理なのではないかと思っていたのだが、なんとかコの字カウンターに収まった。

「……で呑んで来てね」

リーダー的な男性客が、ご主人と話している。おなじみさんたちらしい。グループ客はいない静かな酒場だと思っていたから意外な気持ちがした。けれど、決していやなにぎやかさではない。

「すみませんね、うるさくて」

さっきご主人と話していた男性が、トイレに行った帰りがけにわざわざ謝ってくれた。

「いえいえ、そんな」

ほんとうに迷惑ではなかったから、あわてて言った。むしろ、ほどよくにぎわって心地よいくらい。

「今日はね、ここでよく一緒に呑んでた女友だちとのお別れ会だったんですよ」

言葉に詰まった。ニュアンスから、その方が亡くなられたのだと察せられる。陽気な飲み会だと思っていたのだが、追悼の会だったのだ。

「その人の酒はいつも楽しい酒だったからね、今日もみんなで楽しく呑もうって」

「きびなご丸干」で熱燗を一杯

「そうだったんですか。じゃあ、今その方も一緒に呑んでますね。うれしいでしょうね」

亡くなったその方が、にこにことみんなの様子を見ながら傍らで呑んでいる。時空を超えた『兵六』にいると、まったく不思議ではない。懐かしい人に会ったり、亡くなった方もそこで呑んでいる——そんな気がしてくる酒場だ。

しばらく経って、友人に誘われてある俳句の会に参加した。会合のあとの飲み会で、「神保町の『兵六』が好きだ」という話をした。すると、「波夫さんも好きだったわよねえ」と、ある方がおっしゃる。波夫さんは、長年この会のメンバーだった方の俳号だという。波夫さんは亡くなられたが、奥様の「波女」さんは今日の句会にも出ておられた。たまたま隣に座り、緊張する初参加の私にそっとエビスビールをお裾分けしてくださった。チャーミングで美しい方である。

実は、波夫さんは本名を森下賢一さんとおっしゃる作家だった。大先輩、と言ったらおこがましい。お名前は存じ上げていたのだが、名著『居酒屋礼賛』は不勉強なことに未読だった。しまった、読んでおけばよかったと思ったがしかたない。後日、その『居酒屋礼賛』の『兵六』の頁を開く。「あっ」と最後の一文に目が止まった。

「神田神保町の裏通りは、地震戦災にも焼け残った古い木造家屋が多く、『兵六』もそのひとつらしい。ここで飲んでいると、父親や祖父にひょっこり会えそうな気もしてくる」

まさに時空を超えた空間——。波夫さんも同じことを感じていらしたのだ。じわっと、身体の中に温かいものが湧いてきた。いつか波女さんと『兵六』で一杯、ご一緒してみたい。きっとそのときは波夫さんも、私たちの傍らで「さつま無双」を空けているに違いない。

【兵六《ひょうろく》】
■東京都千代田区神田神保町1-3　☎非公開　■17時〜22時半、土・日曜・祝日休　■**席**：カウンター16、テーブル8計24席　■**つまみ**：らっきょ380円、豆腐450円、厚揚450円、兵六あげ450円、からしあえ450円、うるめ丸干500円、餃子600円、炒豆腐600円、肉じゃがカレー風味670円、炒麺950円、きびなご丸干500円　■**酒**：清酒760円、ビール800円、むぎ焼酎700円、さつま無双700円
■神保町のビルの谷間にひっそりとたたずむ酒場。緊張することはないが、ここでは静かに酒を楽しみたい。和のつまみに、先代が中国で覚えたという餃子や炒麺が加わる。

●佐原屋本店―御徒町―

日替りの「のんべえ泣かせ」で一杯、ガード下の名店

あるとき、御徒町のガード下に、ただならぬ雰囲気の店を見つけた。紺に白く『佐原屋』と、堂々たる書体で染め抜いた暖簾がシブイ。えいっと入ってみれば、これがまったく気楽な雰囲気なのである。カウンターに座ってビールを一杯。

「鮭焼いて～」

「もう火落としちゃった」

おなじみさんと女将さんとの遠慮のない会話が心地よい。

「ごめんなさい、時間が遅いからできないのもあるけど」

ぶらりと入った私にも気を配ってくれる。長年営んできた店にしか出せない空気が、やけにうれしい。これが出会いだった。

まだまだ「おなじみさん」とまでは行かないが、その後幾度も通い続けている。白板にびっしり書かれた、日替りのお品書きを眺める幸せといったらない。沖漬け、いわし刺し、煮こごり……「のんべえ泣かせ」がたっぷりあるうえ、ふきのとう天、菜の花など季節ごとの料理が揃う。さらに、レバテキ、カニクリームコロッケなど〝洋物〟もあり。

6年前に建て替えて店構えこそ新しいものの、創業70年を超える老舗だということを後で知った。カウンターに立つ若女将の伊能貴子さんは、創業者の姪に当たるという。

「建て替えてから、ふらっと寄ってくれるお客さんが

名物「レバテキ」

増えたんですよ。気楽な感じになったのかな」

貴子さんは、それがうれしいようだ。昔から通ってくださるおなじみさんに、私のような「ぶらり客」が混じる。その混じり合いが私の感じる「心地よさ」かもしれない。

奥の厨房に立つのは、貴子さんのお兄さん、伊能正貴さん。手が空くとぶら〜り現われる、正貴さんのエプロンにはなぜかびっしりとピンバッジが……。

「お土産にもらったのを着けてたら、どんどん増えてね〜、こんなんなっちゃった」と、にこにこ笑う。

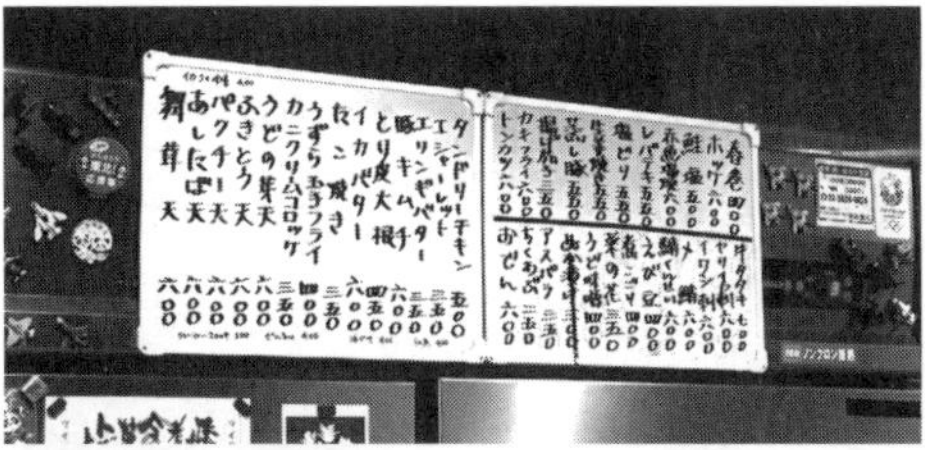

季節ごとの野菜や山菜の天ぷらもうれしい

どこからどう見ても機能的でない、重そうなエプロンを着けた正貴さんを見ると、またなんだかうれしくなってしまう。

あるとき白板メニューの余白に、気をつけないと見逃すような小さな字で書かれたメニューを発見。「いかごろ味噌」。これ、たまりません。濃厚ないかの肝と身が絡み合い、熱燗が進む。たっぷりと盛られたこれが、なんと400円なのだ。

でも、なんで極小文字で書かれてたの？

「書き切れなくなっちゃうと、空いたとこに小さく書くんだけど。なぜか小さい文字のメニューからチェックするっていうお客さんもいるのよ」

貴子さんが笑いながら教えてくれる。なるほど、「極小メニュー」はほかにも「ゼンマイ」「カレールーコロッケ」など魅惑的なメニュー揃いではないか。法則はどうでも、こちらからチェックするというおなじみさんの気持ち、よくわかる。

来るたび幸せになるガード下の酒場、今度はいつ来よう。

【佐原屋本店】
■東京都台東区上野5−27−5　☎03−3831−6388　■16時〜22時、土、日、祝日休　■席：カウンター13、テーブル25席　■つまみ：揚げ茄子350円、アスパラ350円、春巻400円、とり皮大根450円、舞茸天600円、レバテキ550円、あしたば天600円、イワシ刺600円　■酒：日本酒（出羽桜、小）400円、ねのひにごり酒（300㎖）800円、生ビール中500円、瓶ビール（サッポロラガー、大）650円、ワイン（赤、生葡萄酒）700円、焼酎（島美人など、ロック）350円、チューハイ350円
■御徒町駅近く、ガード下の老舗酒場は家族経営の温かい雰囲気。定番以外に、白板に書かれた季節ごとのメニューが豊富でうれしい。

●太田屋―錦糸町―

親子4代が守る70年酒場で、名物「にこみ」に涙

先日久しぶりに、「難敵」な仕事をした。

「江東区、墨田区、荒川区で70年を超える歴史を持つ酒場を見つける」というものだ。

これだけだったら、さほど難しくはない。だが、「ある酒造メーカーの商品を置いていること」、という条件が付いていた。広告に関係しているらしいが、それでもそのメーカーは大手だったので、簡単に見つかるだろう……と、甘く考えていた。まったく見つからないのだ。

江東区、墨田区、荒川区あたり、いわゆる東京の「下町」では、「キンミヤ焼酎」が断然強かった。キンミヤ焼酎の広告によれば、それにはちゃんとワケがある。

かつてキンミヤ焼酎が甕に詰められて、伊勢から船で東

京に運ばれていた時代、大正15年に関東大震災が起こった。

「食物も水も不足していると連絡を受け、救援物資とともに船に運んだのは、酒の代わりに水を満たした甕でした」

日頃キンミヤ焼酎を飲んでくれている東京の人々のために、無償で物資や水を運んだのだ。特に被害のひどかった下町の人々の間では、今も感謝とともに「キンミヤ」が愛されているということだった。

なるほど、古い大衆酒場を回ってみると、この文章が脳内によみがえった。いい店だなあと感激しながら、「焼酎はどちらの銘柄を?」と聞くと、たいていが「うちはずっとキンミヤ」。

その逸話はすばらしいのだが、このときばかりはちと逆恨みしそうになった。夜な夜な飲み歩き、「ご馳走さまでした。焼酎はどちらの……?」を繰り返す。それだけでは間に合わないと悟り、電話をして「○○焼酎は置いていないでしょうか?」と聞く。さぞ怪訝に思ったことでしょう。すみません、お店の方々。

だんだん、そもそもの条件を愚痴るようになる。

「なんで70年?　50年以上ならいっぱいあるのに」

「葛飾区、台東区、江戸川区、入れちゃあダメなのか!?」

しかし、期限ぎりぎりで、なんとか４軒、条件に当てはまる店を発見。

やっと見つかった店が、また、それぞれにいい店ばかりなのである。

まず、どの店も家族経営、三代目から五代目が店を守っている。そして、家族が仲良く、さらに跡継ぎが決まっていた。ご主人が、「息子が今修行中なんです」「跡継ぎは板場を手伝ってるよ」と、うれしそうに、ちょっと照れながら語ってくれる。

料理はどれも実直そのもの、手頃な値段でうまい。いいおなじみさんが多いから、店の雰囲気も和やかだ。70年もの長い間店が続いたということは、「それだけの何かがある」のだと、当たり前ながら実感したのだった。

その一軒が、錦糸町にある『太田屋』だ。

この仕事は、条件に合っている店に一度客として呑みに行き、よかったら、後日改めて取材を申し込むということになっている。

『太田屋』にも一度呑んだ後、電話で取材を申し込んだ。

「うちはそんな、たいした店じゃないから」とご主人にきっ

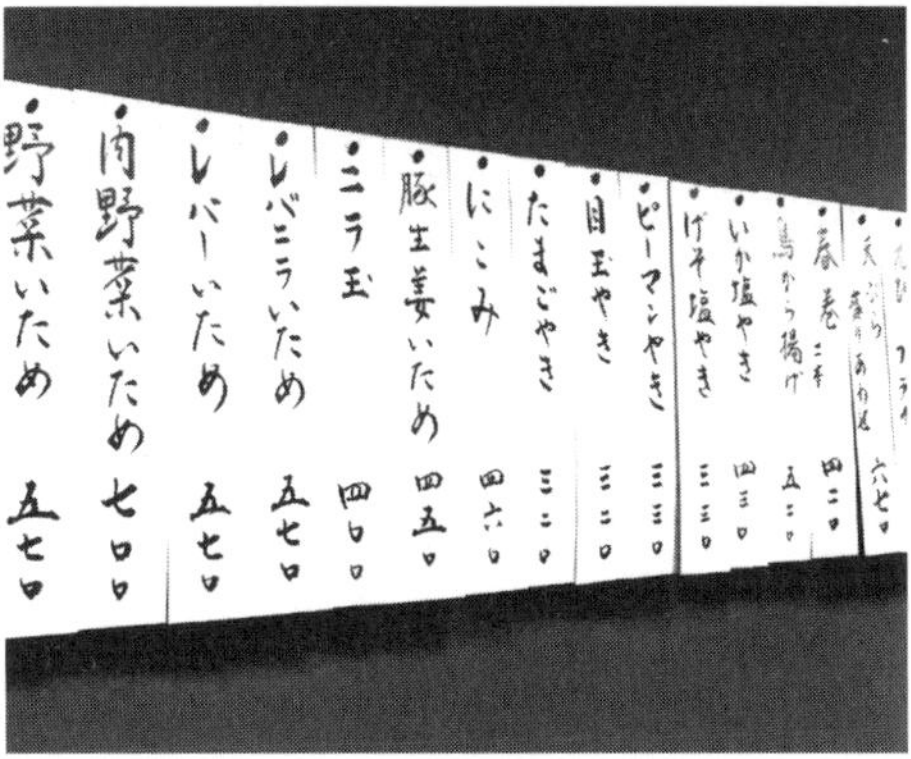

ぱり断られた。

私が、「そんなことはない」と言い張ってもダメ。

当たり前だけれど、取材というのは相手があってのことである。

「うちは家族だけでやってるから」「雑誌なんかに載って客が増えたら、常連さんの迷惑になるから」

ごもっともである。こういうふうに言う店主さんには何も返せない。けれど、ご主人の答えには
まだ入り込む「余地」があるように思えた。実直だからこその断りのように感じられたのである。

諦めきれず、呑みに行ってまたお願いすると、ご主人はこう言ってくださった。

「客として頼んだもんを撮るなら、別に何も言わないよ」

そのときの私が犬だったら、尻尾を振り切れんばかりに振っていたはずだ。

ご主人宮野雄治さんは、けっしておしゃべりではないが、だんだんといろんなことを話してくれた。

創業は昭和20年、終戦の年である。雄治さんの祖父が始めた。

「じゃあ、お祖父様は戦争に行かなかったんですか?」と私が聞くと、ご主人、「いや、帰ってきてすぐ始めたらしいよ」

すごいことを、さらりと言う。命の瀬戸際を体験し、復員にも大変な苦労があったはずである。

帰ってきてすぐ、焼け跡の東京で店を始めたのだ。驚くべきバイタリティではないか。もともと亀

戸の酒屋に奉公しており、その屋号をもらって『太田屋』と名付けたという。当時はもちろん、たいした料理は出せず、「豆やモツくらいだったそうです」と雄治さん。

「これまで大変だったことは」と聞いた。

「苦労は特にないですね。店を継ぐものだと思ってやってきたから」

取材者のいやらしさで、「苦労話」がほしかった自分が恥ずかしくなる。

「息子も自然と継ぐものだと思って、料理の道に入ったようです」

現在、息子さんも板場に立ち、妻の貴子さんが接客する。貴子さんが、四代にわたる家族全員の名前を丁寧にをノートに書いてくれた。

初代万吉さん、はなさん。

二代目武雄さん、女将榮香さん。

三代目雄治さん、女将貴子さん。

そして、四代目雄矢さん。

「営み」という言葉が頭に浮かぶ。73年間、建物こそ建て替えたものの、同じ地で、家族が四代にわたって脈々と営む。だからこそにじみ出る、味わいがある。

創業当時からの名物「にこみ」は白味噌仕立て。継ぎ足しながらつくってきたというにこみは、なんとも言えず味わい深い。具はモツとこんにゃくのみ。具を食べきった最後に残る白味噌だけでも、あと一合はいける。

昭和生まれを泣かせる鯨料理もユッケ、天ぷら、ベーコンと揃う。

「小松菜のごまあえ」は、そのシャキシャキ具合が絶妙だ。「枝豆」も風味は豊か、そしてやはりゆで加減が固めで絶妙なのだ。

「ね、うちは、この固めなんだよ」

「小松菜」と「枝豆」を絶賛すると、控えめな雄治さんがこのときばかりは力強く言って、にんまりとした。

――はい、最初から思ってました。『太田屋』は、「たいした店じゃない」どころではありません。

心の中でつぶやき、私もにんまりとした。

【太田屋】
■東京都墨田区緑4−20−9 ☎03−3631−0501 ■17時〜24時。日曜・祝日休 ■席：カウンター、テーブル、お座敷 計約40席 ■つまみ：目玉焼き320円、いかわたホイル焼き320円、鳥から揚げ520円、レバニラいため570円、小松菜ごまあえ380円、キス天ぷら570円、ぶりかま730円、鯨ベーコン1130円 ■日本酒2合550円、ビール中生550円、ビール大瓶580円、ホッピー470円、酎ハイ360円、焼酎グラス420円
※値段は変わる場合あり

●西口やきとん―浅草橋―

安うまのやきとんと、どぶろくがある幸せ

初めて先輩に連れて行ってもらってから5、6年ほど経つだろうか。以来、もう数えきれないほど通っている。

浅草橋駅西口を降りれば、早く呑みたくって心ははやる。角を曲がって、赤提灯が見えたときのうれしさよ。しかし、私はなぜここ『西口やきとん』に隙あらば来たくなるのか。ふと、しみじみと考えてみた。

まず、やきとんが安くてうまい。これは理屈抜き。おおぶりの焼きとんが1本100円。軟骨はらみなどの限定部位でも150円だ。

をほろほろになるまで煮込んだ「皿なんこつ」は200円。このお得感は感動ものである。

店員さんはみんな元気で、おなじみ、一見さん関係なく、気持ちよく接する。いつも大忙しだから、注文はたまに間違えるけど、それもまたご愛敬。

立ち飲みエリアで呑みながら友だちと待ち合わせ、テーブル席に移動する、というのもいい。私は、テーブル席を予約してあるときでも、わざとちょいと早めに行って立ち飲む。焼き台の真ん前で熱々の焼きとんをかじりながら立ち飲む幸せ、たまりません。

そして、もう一つ大きなポイント。ここには大好きな「どぶろく」があるのだ。福島県有賀醸造の「醪《もろみ》」。一般向けには「虎」という名前で発売している銘柄だ。店の張り紙には、「純米自然酒　どぶ

ろく　生　身体にやさしい」と堂々たる墨字で書かれている。

ま、あくまでも「適量なら」という前提つきですけれどね。生のどぶろくだから、身体にいい乳酸菌がいっぱいはいっているのは間違いない。

何よりうまい。

おねえさんが目の前でペットボトルからとくとくと注いでくれる――これがもう、なんとも幸せなんである。

発酵が続いているから、その時々で「どぶろく」の様子は違う。すごく元気にシュワッとするときもあれば、おとなしいときもある。口開けのときは、振らずに上澄みだけいただいてみる。にごりもいいけれど、上澄みもまた好きだ。その都度、違った味わいがあり、ついついあとを引く。特にあと少しでボトルが空くときはイケナイ。つい新しいボトルの「口開け」を呑みたくなり、空けるために、ハイピッチで呑んでしまうという次第。

「どぶろく」と「小ビール」が私のセット

「どぶろく」とビールを同時に呑むのも好きで、小ジョッキを同時に頼む。勝手に、「私のセット」と呼んでいる。どぶろくの後味をビールがさっぱりとしてくれ、また新たな気持ちでどぶろくが呑める。つまりビールがチェイサーなんですな。

このセット、いつまででも呑んでいられそうな「永久機関」のよう。コワイ。「ああ」と翌日後悔することもしばしばなのだが、数日経つとまたあの赤提灯が恋しくなる。

けれど、何より『西口やきとん』に中毒のように来たくなるのは、みんなが楽しそうに呑んでいるからかもしれない。なぜだか、この店ではぐちっぽかったり、不機嫌そうな客に会ったことがない。立ち席もテーブル席の客も、わいわいとにぎやかに陽気に呑んでいる。おいしくて、店員さんも元気、そして懐にやさしいからか。理由はどうあれ、みんなが楽しく呑んでいれば、こちらもさらに楽しい。きっと、機嫌のよい人にはまた会いたくなるのと同じで、「機嫌のよい店」にはまた行きたくなるのです。


【西口やきとん】
■東京都台東区浅草橋4-10-2 ☎03-3864-4869 ■16時半～23時、土曜16時半～22時、日曜15時～20時、祝日休 ■**席**：立ち飲み、テーブル、座敷、計130席 ■**つまみ**：たくわん50円、レバ、シロ、カシラ、ナンコツ、ガツ、ねぎま、つくねなど1串100円、塩煮込み200円、皿ナンコツ200円、日替り小皿200円 ■**酒**：日本酒250円、どぶろく300円、生ビール（小）300円、瓶ビール（大）500円、レモンハイボール280円、焼酎（甲類）280円、芋焼酎400円、カチワリワイン400円
■串焼きのほとんどが100円、しかも肉が大きくてうまい。みんなごきげんのうま安酒場。本店のほか「やや東口店」「御徒町店」がある。「御徒町店」は日本酒の種類が豊富。

●むつみ屋—浅草橋—

大事な人と呑みたくなる、懐かしさあふれる一軒

浅草橋駅前から、ひょいと一つ角を曲がる。現われるのは、銀杏岡八幡神社のうっそうとした緑、変体仮名で書かれた「生そば」の看板。駅前の喧騒から辺りは一変、ふらっと「江戸」へ迷い込んだ気分になる。その一角に建つのが、『むつみ屋』だ。木枠の引き戸を開け、ほどよく色あせた暖簾をくぐれば、そこには酒を飲む侍たち——。いや、本当にそんな光景が浮かんでしまうほど、懐かしいたたずまいである。

　店内にはテレビも音楽もない。黒い札にきっちりとした白の筆字で書かれるのは、小肌酢、

あたりめ、うるめいわし、いたわさ、しゃけ西京……。眺めているだけでにやにやしてしまう見事なお品書きだ。ご主人と若い衆がきびきびと立ち働き、カウンター席のお客と時折言葉を交わす。きりっとしているけれど、決して堅苦しくはない。

昨年、新卒で3年間務めた会社の元先輩二人と飲むことになった。

「静かな酒場」という希望だけで店を決めたとき、真っ先に浮かんだのが、『むつみ屋』だった。以前に一度訪れただけだったが、そのたたずまいが心に残っていた。

20代の頃は、会社を辞めるのは私の自由だと思っていた。たしかにそれは自由なのだけれど、年齢を重ねて世間を多少知るようになれば、会社が新入社員にどれだけの経費をかけているかがわかってくる。3年で辞められては、まったくの損失なのだ。さらに私は、数少ないいわゆる女性総合職だった。当時の自分の感謝のなさ、生意気さに赤面する。けれど、先輩はそんな過去には何も触れず、にこにこと湯豆腐をつつき、焼酎のお湯割りを飲んでいる。先輩は同じ会社に勤め続けている。

「企業は3年で3分の1辞めるのを見越してるんだよ。うちは少なすぎるくらいだって」

あっという間に辞めた私を応援してくれ、さりげなく免罪符までくれる。この方とまた飲めてよかった。ほろ酔いながら、しみじみとそう思う夜だった。

三度目は、3年ぶりに会う同級生の友人と訪れた。

頼んだのは「ふかひれ煮こごり」と「さつま揚げ」。熱々の「さつま揚げ」にかぶりついて冷えたビールを飲めば、かなり幸せである。

「煮こごり」には、やっぱり日本酒でしょう。「一ノ蔵無鑑査」を、おねえさんが並々と注いでくれる。くいっと、いただきます。煮こごりが口の中でとろける。

「相変わらず、ほんとうれしそ

「ふかひれ煮こごり」は380円でたっぷり

うな顔で飲むねえ」と、ほめているのか、あきれているのか、友人が笑う。彼女がイギリスに移住して20年、今回は3年ぶりの一時帰国だ。初めて食べる「馬刺し」のうまさに感激しつつ、梅酒をなめている。昔から思い切ったところのある彼女は、務めていたロンドンの会社を辞め、今はある学校に通っているのだという。

「向かないことをするのは身体に悪い。もうね、我慢は辞めたの」

おおお、相変わらずマイペース、そしてかっこいい。1週間後にはまたイギリスに戻るという。「一ノ蔵」がからだに染み渡り、私もむくむくと「よしっやるぞ」と思う。

またも『むつみ屋』での、懐かしい人とのいい一杯になった。きっとこの店の風情が、そんなお酒に似合うのだ。いやいや、この店が、いい一杯にしてくれるのかもしれない。

【むつみ屋】

■東京都台東区浅草橋1－18－6 ☎03－3866－5078 ■17時～23時（土曜16時～）日曜・祝日休※土曜は休む場合もあり ■席：カウンター5席、テーブル24席 ■つまみ：さつま揚370円、まぐろぬた390円、しい茸フライ440円、小肌酢440円、たこぶつぎり440円、あじたたき550円、かきフライ550円、さくらさし770円、さくらなべ2000円 ■酒：日本酒小220円、大510円、一ノ蔵小360円・大560、生ビール中600円、酎はい340円、焼酎（お湯・水割り）340円

■風情たっぷりの昔ながらの酒場だ。ぬたや刺身で一杯はもちろんのこと、さくらなべを気軽に味わえるのも魅力。

●居酒屋だるま—清澄白河—

おなじみさんの愛いっぱい、「なんでもあり」酒場

飲み歩きの仕事をしていると、いろんな街でいい店に出会える。それはとてもありがたいことなのだが、しんどいときだって、やはりある。

清澄白河を飲み歩いていた夜も、そうだった。イタリアン、ワインバーとめぐり、もう1軒くらい行っておきたい。でも胃袋は疲れぎみ、「もううちに帰って、ちくわかじってビール呑みたいわぁ」と思ったとき、心惹かれる店構えを見つけた。

看板と暖簾には、『居酒屋だるま』とある。
ガラス戸の隙間からのぞくと、おお、いい感じのコの字カウンターではないか。しぶめの店内はいい具合ににぎわっており、地元の人気居酒屋なのがわかる。

むむ、よさそうだが次にしようか。疲れがちょっとためらわせたが、やめるにはいい店過ぎた。

運よく、コの字カウンターの一角に座ることができた。壁にびっしりと貼られたメニューの数々。それだけではない。ホワイトボードの日替りメニューには、イワシ、まぐろブツ、シメサバ、金目鯛のひらき……刺身も豊富だ。なぜかオニオンロールパン、ラスクなどというつまみ(?)もあり。「なんでもあり感」いっぱいである。

「わかさぎ唐揚げ」をつまみに、まずは生ビール。

ぷはぁ、うまい。次は熱燗、高清水。次いで「シメサバ」をいただく。フレッシュ感のある浅漬け、好きな感じのシメサバ。これは鮮度もかなりよいと見た。

「お姉さん、はじめて？　あのね、今日はイワシの刺身がいいよ」と、隣に座ったおじさまが声をかけてくれた。

「ありがとうございます」

でもシメサバ食べちゃったしな……。

「よかったら、ちょっとあげるよ」

私の心を読んだかのような、おじさまのお言葉。ありがたや。すなおにいただく。とろっとうま〜い。シメサバ、イワシ刺しといい、美味しくてにやにやしてしまう。値段を見ると「イワシ刺」は250円とある。このコスパ、びっくりです。

「いいでしょ、ここ。あっちの人は噺家でね、おもしろかないけどね。あ、ご主人はあそこにいつも座ってる」とおじさまの解説付きだ。

慣れなさそうな客を見つけて声をかけてくれる、こういうおなじみさん、ありがたい。自分の好きな店を、初めて来る人にも好きになってほしいという「愛」を感じます。

いつのまにか、食べ歩き疲れもすっかり取れていた。

以来、ことあるごとに『だるま』に寄るようになった。先日は仕事仲間4人と「午後7時半、だるまで」と約束。清澄白河駅に6時半到着。うっしっし、と向かったのは駅からほど近い「辰巳湯」だ。こちら、脱衣場に畳スペースがあったり、漫画を置いてくれたり、そして露天風呂がある、いい銭湯なんです。

しっかり温まって『居酒屋だるま』へ。

ああ、ビールがうまい。今日は大勢なので、いろいろ食べちゃうよ。呑んじゃうよ。

「厚焼き玉子ダシ入りね」「なまこ刺しとアジフライ」「イカ下足揚食いたい」

飛騨高山のにごり酒、なるものもいただいちゃおう。お、これかなり濃厚。酔っ払っていくうちに、なぜか店から客が1人、2人と外に出ていく。

「なんだなんだ、あ、今日は皆既月食の日だ」と、誰かが言った。

「おお、そうか。でもいいや、寒い。おれテレビで見て呑むほうがいい」

「高清水」のお燗でへろへろのオヤジ2人を置いて、女2人は外に出てみる。店前の道路を渡った歩道で、5、6人が真冬の空を見上げていた。月はかなり欠けており、赤い光を放っている。

「カイキまで、あと少しだね」

「月と地球はどっちが大きいの？」などと、がやがや。料理を運んでいたおかみさんも休んで、外に出てきた。

「おかみさん、こっちこっち、このあたりがよく見えるよ」

おなじみさんらしき男の人が呼ぶ。

「あらあ、ほんとすごいのねえ」とおかみさんがにこにこ。

「ああ、もう少しで皆既！」

みんな和やかに、どんどん小さくなる月を見守る。予報では天気が悪く、月食は見られないはずだったのだが、『居酒屋だるま』に結集する人々のなせる技か。ちょっと冷えるけれど、店に戻ったら熱燗を呑めばいい。いい皆既月食の夜である。

【居酒屋だるま】

■東京都江東区三好2-17-9　☎050-5872-6370　■17時～23時半、土曜休　■席：カウンター約30、小上がり約10席　■**つまみ**：煮込380円、焼とり3本350円、つくね3本350円、とり唐揚380円、シメサバ380円、イワシ刺250円、マグロ赤身550円、ブリカマ小550円　■**酒**：日本酒（高清水1合）250円、生ビール中400円、ワイン（グラス）300円、ボトルワイン1700円、焼酎（いいちこ）350円、酎ハイ300円、サワー各種300円

■常連さんも多いが一見にもやさしい大衆酒場。和の酒とつまみだけでなく、ワイン、ステーキ、グラタン、パンなどもある「何でもあり感」がすてき。

● 山城屋酒場―南砂―

のんべえが近くに住みたくなる、正直酒場

『山城屋酒場』のカウンターには、ついついほおずりしたくなる。使い込まれ、いろんな人がこぼしたお酒なんかがいい具合にすりこまれ、独特の風合いになっているのかも、などと考えてしまう。前身の酒屋時代から数えると、なんと121年の歴史を持つ。いったいどれだけの人たちが、ここで酒を呑んだのだろう。カウンターだけではない、椅子や古いポスターなど、一朝一夕には作れない趣のある空間だ。

初めて訪れたとき、にごり酒を頼むと、女将さんがトクトクッと目の前でかっこよく注いでくれた。もうその瞬間から、ファンである。

「みょうがときゅうり」を頼むと、鰹節をたっぷりのせてどー

んと登場。にら玉は、シンプルな味付け、にら多めなのがうれしい。刺身を頼めば、「この値段でいいのか？」と思う量とイキのよさ。創業以来守られているというぬか床で漬ける、ぬか漬も深い味わいだ。お品書きに、「しじみ汁」があるのも、のんべえにやさしいではないですか。

実はその日の目的は、仕事の下見だったのだが、すっかり楽しくなってしまい……記憶をなくしました。はい。

別の日、夕方まだ明るいうちに店をのぞくと、おなじみさんたちが野球中継を見ながら呑んで、くつろいでいる。

「ああ、横浜は負けちゃったね」

「○○さんは今日来てないの？」

近所に住んでいるおじいちゃんは、毎日夕方早めにやってくる。奥の座敷にちょこんと腰掛けるのが定位置らしく、店の守り神のよう。そんな光景も好きだ。

「木場にもね、いい店あるよ」

「ここは、刺身が美味しいよ」

トクトクッと「桃川にごり酒」410円

おなじみさんたちが、気さくに話しかけてくれる。

「先代の女将から言われたのは、『とにかく正直者でいなさい』ということですね」

のちに、女将榛澤晴美さんから話をうかがった。

まさに「正直」そのものの、良心的な値段と美味しい料理。だからこそ、100年以上もこうして愛され続けているのだろう。老舗だが、けっして堅苦しくはない。

「いらっしゃい、酎ハイでいい？」

やってくる客に、晴美さんが声をかける。

このカウンターで呑める幸せ

いい酒場があると、「ああ、近くに住みたい」と思う。『山城屋酒場』は、今、私が「近くに住みたい酒場」のベスト3に入る。

開店は午後4時、早めに仕事を終えて銭湯に浸かり、まだ日があるうちにのれんをくぐる。

「いらっしゃい、ビールでいい?」と、いつか晴美さんに声をかけてもらうのが、ひそかな夢なのである。

【山城屋酒場】

■東京都江東区南砂1−16−8 ☎03−3644−8612 ■営16時~23時 日曜休 ■**席**:カウンター、テーブル、小あがり、計約30席 ■**つまみ**:きゅうりぬか漬220円、しじみ汁280円、ハムカツ410円、にら玉430円、みょうがときゅうり390円、たこブツ590円、さしみ三種盛730円 ■**酒**:日本酒グラス280円~、生ビール500円、ビール(大瓶)560円、酎ハイ330円、ジョッキワイン390円

■四代目主人勢治さんが作る料理は、どれもまさに「正直」そのもの。ざっくばらんな接客と、おなじみさんたちが醸し出す明るい雰囲気もいい。

●山田屋―王子―

壁一面のお品書きに心躍る、王子の名酒場

「ほんごーさんが絶対気に入りそうな居酒屋があるから」

同業であり、のんべえ仲間の白央篤司さんが連れて行ってくれたのが、王子『山田屋』だった。友人がわざわざそう言って、誘ってくれるのだ。胸が高まらないわけがない。

王子駅から5分ほど歩き、たどりついたのは縄のれんの下がる一軒だった。

「わ、いいなあ縄のれん!」

「いいでしょー?」と白央さんがニヤリ。

水戸黄門の「うっかり八兵衛」が団子を食べていそうな、昔風のたたずまい。けれどでしゃばらず、通りに溶け込む、実直な外観だ。

店内に入り、壁一面に貼られた、筆字で書かれた

お品書きにまた盛り上がる。ねぎぬた、煮こごり、こはだ酢、にこみ豆富……おお、店の雰囲気にぴったりの王道つまみたちよ！　クリームチーズやっこ、エシャレット、おからサラダなんて、ちょっとハイカラ系(?)もあり。おからサラダは、酢で和えたおからにきゅうりとひじきが入った一品だ。酸味は抑えめ、白和えに近いようなやさしい味だ。これ、いいですねえ。

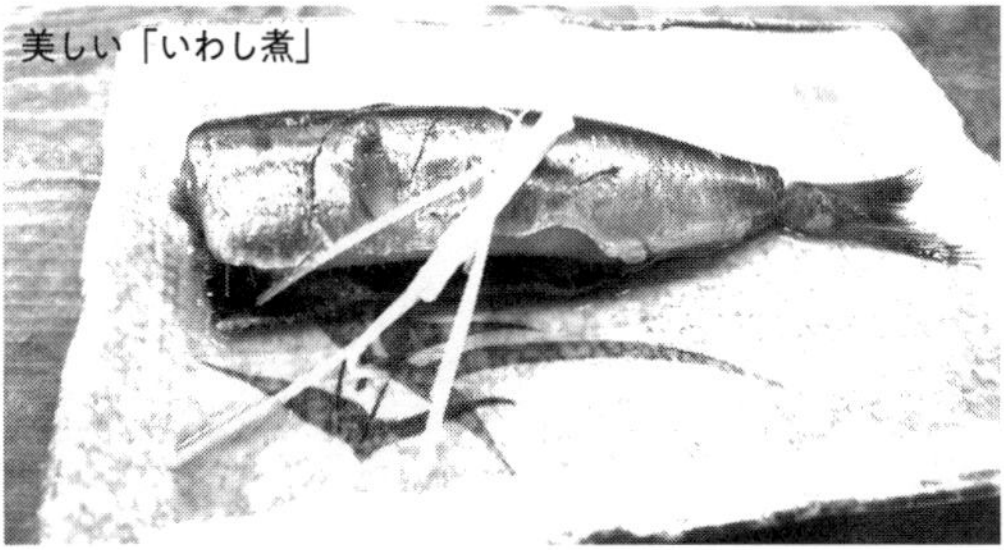
美しい「いわし煮」

白央さんが真っ先に頼んだ、「いわし煮」はつやつやとしてとても美しい。一カ所も皮が傷ついていない。こんなきれいな煮魚を見るのは初めてかもしれない。よほど鮮度のよい鰯を使っているのだろう、そしてとても丁寧な仕事をしているのだろうと、しみじみいただく。ああ、お品書きを見ているとむくむくと欲がわく。うど酢味噌もいきたいし、ハムカツはむしょーに食べたくなる。

サッポロラガー「赤星」でのどを潤したあとは、新潟のお酒「鶴齢」に行きましょう。

「いい酒ですよね。鶴齢の蔵とおつきあいがあるらしくて、こんなに種類が揃ってるんです」と、白央さん。

たしかに、緑川、久保田、八海山など20種揃う日本酒の中で、「鶴齢」が9を占める。雄町、美山錦、山田錦など酒米ごとに5種類、ほかにも生原酒、にごり酒などだ。どれも1杯400円。まず、「美山錦」と「五百万石」を頼む。

グラスをテーブルに置いて、お店の方が一升瓶を持ってやってくる。とくとくっと注いで、ピシッときっちりほぼ表面張力に決めた。職人技に、おおっと思わず拍手が出る。いただきます。

「美山錦と五百万石、違うよねえ」。

勉強熱心な白央さんは、さまざまな醸造元を訪れている。「鶴齢」の蔵も見学させてもらったそうだ。

「いやほんと、味わいが全然違う！」

その場で飲み比べれば味の違いはわかる、と、思う。だが、どうに

「うどの酢味噌」と「鶴齢」のにごり

も酒の知識が蓄積されない、ただののんべえである。なんだかすみません、と思いつつ、どれもおいしいからいいか、と開き直った。お代わりをすると、またグラスにピシッと表面張力。周りを見れば、焼酎も同じようにショットグラスに注ぎ、それを素早くジョッキに空けて炭酸

などで割っている。その手さばきがかっこよく、見惚れてしまう。これが見たくて、私もついついお代わりを……。「次、行こう」と言う白央さんに連れられ、おでんやさんで一杯。ああ、明るいうちから飲む酒は、どうしてこんなに効くのでしょう。まだ夜も浅いというのに、おでんやを出る頃には見事撃沈なのであった。

その後、『山田屋』にはたびたび呑みに行っている。人気の赤羽にちょっと足が遠のく近頃、お隣王子が妙に落ち着くのである。

【山田屋】

■東京都北区王子1-19-6 ☎03-3911-2652 ■8時～13時、16時～21時 日曜・祝日休 ■**席**：テーブル、約100席 ■**つまみ**：ハムカツ170円、ねぎぬた250円、おからサラダ250円、ウインナー250円、落花生250円、ちくわ磯辺揚280円、牛もつ煮320円、さばの味噌煮330円、にこみ豆富500円、うどの酢味噌250円 ■**酒**：日本酒・鶴齢各種グラス(90㎖)400円～、4合瓶3100円～、生ビール小生380円、中生500円、焼酎各種1杯240円～、ワイン(ハーフボトル)1200円

■朝から営業する、「これぞ大衆酒場」と呼びたくなる一軒。1皿が小盛りなのでひとり呑みにぴったりだ。鶴齢の品揃えがすごい！ お酒を注いでくれるワザにも感動。

●味の笛―神田―〈立ち飲み〉

新潟の地酒と北の幸がうれしい、夜の「社食」

暖簾と看板に、「越後の地酒と別海（道東）の幸と」と書かれている。立ち飲み『味の笛』は、「夜の社食」風だ。お酒を選んだら、カウンターに並ぶお刺身や煮物などを好きなだけ選び、お膳に載せる。完全セルフサービス、料理の器はすべて使い捨てと徹底している。夕方6時頃にはほぼ満席、カウンターに列もできている。慣れない私がよりどりみどりのつまみを前にして迷い、固まってしまっても、カウンター内のお母さんたちはにっこり。「すみません」と謝ると、後ろに並ぶ会社員風の殿方たちも、「いいよいいよ、ゆっくり選んで」と待ってくれる。

焼き魚などは温めてくれて、「赤魚のかた～っ！」って感じで呼ばれたら取りに行けばよい。この感じが、やけに楽しい。

はじめはただ安いだけかと思ったが、刺身や焼き魚類もちゃんと美味しい。煮物やだしまき卵などもいい味なのだ。「鮭の酒びたし」なんて、泣かせるつまみもある。

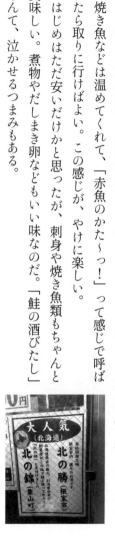

越後だけでなく、北海道の地酒も加わり20種類くらい揃う。越後は「緑川」や「麒麟山」など、佐渡の「北雪」もある。「北雪」、好きなんだけど、東京ではなかなかないからとてもうれしい。お酒はだいたい1合300〜500円くらい。3銘柄選べ、漬物が付いて1200円という、のんべえ感激のセットもある。

「いったいここは何モノなのだ!?」と思っていたら、看板の隅に「吉池チェーン」とあった。「吉池」といえば、魚介類がまるで市場のように並べられ、ほかにも魅力的な食料品、酒などが揃う「食のデパート」。プロも通うという、あの「吉池」経営だったのである。『味の笛』、やはりタダモノではなかった。

聞けば、「吉池」の創業者が新潟出身、そして、北海道野付郡別海町に鮭の加工場を持っているそうだ。だから「越後と別海」なのですね。

店名の由来が店内に掲げられていた。その鮭加工場のそばを流れる西別川は、昔から良質の鮭が獲れることで有名だという。西別川の上流は伏流水となっており、「『味の笛』と呼ばれる筒状の化石を通り抜けると唯でさえ清冽な水が大変おいしくなります。この川で生まれ育った鮭が回帰し、母なる川水を一口飲むと特においしくなると言い伝えられています。この美味なる鮭を『味の笛』と呼ぶことにちなみ、この店の名にしました」

　吉池創業者の故郷への愛と、おいしい鮭を恵んでくれる北海道への自然への感謝があるからに違いない。ここには、何やらほわっとした幸福感が漂っている。だからついつい通ってしまうのだ、「夜の社食」へ。

「鮭の酒びたし」は最高のアテだ

【味の笛】

■東京都千代田区鍛冶町2-13-26 ☎03-5294-0141 ■15時～22時、土・日曜・祝日休 ■**席**：立ち飲み ■**つまみ**：はんぺん100円、じゃこ天150円、マカロニサラダ200円、竹輪チーズ200円、鮪煮200円、小あじ唐揚200円、だしまき玉子200円、筑前煮300円、かもロース300円、鮭の酒びたし400円 ※メニューは日によって変わります ■日本酒各種350円～、生ビール（スーパードライ）280円、アサヒ黒生280円、ハイボール250円、レモンサワー200円、酎ハイ200円、ハイボール250円

●立ち飲み大松―神田―〈立ち飲み〉

いわしのうまさにむせぶ神田の夜

我が人生で、軽く１００軒以上の立ち飲みに行っているのではないかと思う。いや、ちゃんと数えたことはないが。ともかく、中でも「すごい」と思うのが、神田にある『大松』だ。

ここ、いわし料理専門の立ち飲みなのである。

いいですか、お品書きの上から参ります。「いわし刺身、メいわし、なめろう、梅しそたたき、酒盗和え、明太子和え、南蛮漬け、ハリハリサラダ……」と、数えてみれば16種類。そのほか「つみれ部門」があり、つみれ鍋、つみれポン酢、つみれワンタン揚と3種類。しかも、すべて350円という安さなのである。

普段「ああ、いわし、いわしが食べたいっ」と身もだえするほどのいわし好きではないのだが、『大松』で食べるいわし料理はほんとうにどれもおいしい。いわし好きというより「大松好き」なのかもしれない。私ばかりではない。ほかの客と言葉を交わすと、「ああ、ファンなんだなあ」と感じることが数多い。

「いわし竜田揚」にビールが進む！

「ここ、いいでしょう〜？　家は遠いんですか。でも、また来てくださいね」などとセールスする方もいる。

この日隣り合ったのは、「有給取って昼間日帰り温泉に行って、『大松』に来た」というかなり幸せそうな会社員の方だった。

「ふふっ、こればっかりはね、家族に内緒なんですよ。ふふっ、一人で飲む最高の1日」と、うれしそうに笑う。

「ここの料理はほんとうまいですよね。大将がいいんですよ〜」

これはもう「愛」ですね。

さて、まず「竜田揚げ」にビール。そのあと、「なめろう」か「〆いわし」で日本酒へといこう。秋田の「刈穂」や富山の「銀盤」など、いいお酒もあるんです。

いわし料理だけでお腹いっぱいになってしまうことが多いのだが、ほかの料理もとても魅力的だ。「青のり豆腐」は、あったか豆腐に青のりがたっぷり、締めにいいのだ。この日気になったのは「下仁田ねぎ焼」。

「なめろう」「刺身」は
はずせないメニュー

「しもにたねぎやき、もいいなあ」

ついつい口に出して読み上げてしまった、そのすぐ後、幸せお隣さんに「下仁田ねぎ焼」が登場した。わわ、なんというタイミング。

「よかったら、つまみませんか」

やはり、さっき読み上げてしまったのが聞こえていたのか。ちょっと赤面したが、ありがたくいただく。

「うまいでしょう?」とお隣さん。

ほんと、外は香ばしく、中がとろりと甘い。

「おいしいです!」とお礼を言うと、お隣さんはまたとってもうれしそうである。私も次は、まねをしてみよう。1日仕事を休み、ひとっ風呂浴びて、『立ち飲み大松』に直行するのだ。


【立ち飲み大松《だいまつ》】
■東京都千代田区鍛冶町2−12−13 ☎03−5295−5470 ■17時~23時(L.O)、日曜・祝日休 ※土曜は早めに閉店する場合あり ■**席**:立ち飲み ■**つまみ**:いわし刺身・〆いわし・なめろう・明太子和え・南蛮漬・ハリハリサラダ・竜田揚などいわし料理各350円、生青のり豆腐350円、ほや塩辛380円、おまかせ刺身三点盛り580円 ■日本酒白鹿450円、住吉600円、銀盤650円、雪の松島700円、生ビール(プレミアムモルツ)480円、ハイボール400円、ホッピー500円、焼酎400円~

●トウキョウ立呑倶楽部—両国—〈立ち飲み〉

相撲の街両国で一晩に「2リットン!」

『立呑倶楽部』と書いて、「リットンクラブ」と読む。いいでしょう? もう、名前だけで、ちょっと顔がにやけます。仲間内では、ここで飲むとき「リットンする」または「調査に行く」などという。「リットン調査団」ですね、はい、昭和ですみません。

蝶ネクタイが似合いそうなご主人とちょっとハイカラなマダムが切り盛りする、気楽な立ち飲みだ。つまみは、魚肉ソーセージ炒め、ハムカツ、さば塩、ちくわきゅうり……「王道」的品々がうれしい。一つ特徴があるといえば、「揚げもち」だろうか。切り餅を揚げて、砂糖しょうゆで食べる、

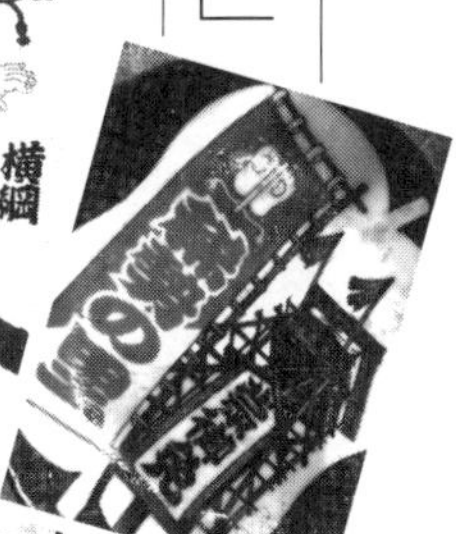

酒場ではあまり見かけない一品だが、これがやけに美味しい。そういえば、子供の頃、正月に余った餅を母が揚げてくれたのを思い出すなあ。

こちらは、今風に言うとキャッシュオンデリバリー。しかし、がんがん飲む我々は追いつかないのでテーブルに置いてあるカゴに、本日の軍資金を入れておく。一品運んでくるし、マダムがそこからお代を持って行くというわけだ。

「はい、ホッピーセット。700円いただきます」

立ち飲みにしては高い、とお思いでしょう？　が、ここでは「外」、すなわち「焼酎のおかわり」がすでに込み込みなのである。そして、焼酎が濃い。ジョッキの7割くらいまでなみなみと注がれている。すばらしい。

『立呑倶楽部』があるのは、両国。場所中は、ずっと店内のテレビで相撲を流してくれる。稀勢の里初優勝のとき、私は、ここでその瞬間を見て、その後優勝パレードで沿道から手を振ることができた。その後、稀勢の里は引退。もう稀勢の里の優勝パレードを見ることは永遠にできないけれど、あの一夜は本当に幸せだった。稀勢の里、ありがとう。

午後5時台に行くと、仕事の合間にご主人もお客さんもテレビ観戦だ。

「あ、間に合った！　鶴竜勝った？」

駆け込んでくるおなじみさんも、相撲中継が楽しみらしい。

「今場所は遠藤がいいねえ」

「遠藤はずっと『遠藤』のままなんかなあ」とおなじみさん。

「もう、ここまで来たら遠藤を通してほしいですねえ」

肩の力の抜けた会話に、私もちょっと混ぜてもらう。

「ごめんね、ホッピーお代わりちょっと待ってね。栃ノ心、好きなんだ」

いつもにこにこ顔のご主人も、このときばかりは真剣なまなざし。もちろん、終わるまで待ちます……あ、栃ノ心負けてしまった。残念。

「目玉焼き」などの気取らないつまみが揃う

「うーん、今場所10勝すれば大関になれるのになあ。あと2日だから厳しいなあ」とご主人。その後栃ノ心は、14日目、千秋楽と連勝し、この場所10勝をあげた。よかったですね、ご主人。

たいてい、『立呑倶楽部』を皮切りに、両国の別の店へ流れる。この日も友だちと待ち合わせ、焼き鳥屋でたっぷりと呑んだ……のだが、有志4名で『立呑』に戻ってしまった。「いってらっしゃい」と見送られ、「おかえりなさい」と迎えられた。「一晩で2リットンか!」と呑み友だちが言う。ダジャレなのかそれは。マダム、「揚げ餅」ください!

【トウキョウ立呑倶楽部】
■東京都墨田区両国3-24-2　☎03-5926-3771　■17時〜、無休　■席：立ち飲み　■つまみ：冷奴250円、揚げもち300円、魚肉ソーセージ炒め300円、厚揚げ300円、たこ焼(揚げ)300円、ハムカツ350円、目玉焼き350円、缶詰各400円、鮭の塩焼き400円　■日本酒400円〜、サッポロ麦とホップ400円、ハイボール400円、ホッピー(焼酎2杯付き)700円、麦・芋焼酎500円〜

酒場と掟

店の「掟」というやつが苦手である。いえ、「泥酔している人はだめ」「2軒目で寄るのはおことわり」というのはいいのだ。店を営む人が、その「場」を守ることを考えれば当たり前だと思う。

「女性のみの入店不可」というのも、別にいやではない。そのうちの一軒が茅場町にある『ニューカヤバ』だ。その掟を知らなかった私はある日、一人で暖簾をくぐろうとした。すると、巨大な岩、いやいや、おばちゃんが目の前に立ちはだかったのである。

「ごめんね、女の人だけじゃ入れないの」

私は、思わず「えーーーっ」と声をあげた。目の前に広がる縄のれんの向こう側には、うまそうに焼き鳥を食べ、楽しそうにグラスを空ける人たちがいるではないか。ああ、そこに早く混ざりたい！　女の客もいるのだが……。

私がよほど恨めしそうな顔をしていたのか、おばちゃんは続けた。

「男の人と一緒ならいいんだけど。女の人だけで飲んでるとね、ほら、男の人たちがみんな落ち着かなくなっちゃうでしょ?」

なるほど。なんだか、おばちゃんの言い方がかわいらしくて笑ってしまい、「じゃあ、次はダーリンと来ます~」と去ったのだった。

これもまた、店という「場」を守るための掟だろう。しかし、理不尽な掟にもたまに出くわす。

ある人気大衆酒場に入ったとき、コの字カウンターはほぼ満席だった。その日は友人と2人連れ。ベンチタイプのイスなのではっきりしないのだが、ちょっとがんばれば2人座れそうな空間はある。しかし、店主からの「そこどうぞ」も「満席です」も、何の言葉もない。客もなぜかしーんとしており、アドバイスをくれるおなじみさんもいないのである。我々はしばしぼー然と立っていた。放置プレイだ。結局、その静けさに耐えかねてそそくさと店を出てしまった。

「ああ、あの店はご主人が聞いてくれるまで注文しちゃいけないんだよ」

後日友だちに聞いてみると、あっさりとそういう。

「注文どころか、席に座っていいのか、待ってもいいのかも言われなかったんだけど」

「うん、だから、それも声をかけてもらうまでひたすら待たなきゃいけなかったの」

そんなアホな。

さらに、後日、その店で飲んだことがあるという別の友だちに聞いた。

「そうだねえ、注文できるまで15分くらいおとなしく待ってたよ」

そんなバカな。私以上に酒飲みの友人が、よくもそんなにおとなしく待ったものだ。店に張り紙があるわけでもなく、その「掟」はどうやって伝承されるのか。「店主が話しかけるまで、声をかけるべからず」とか、張っておいてくれればいい。

もうあの店には二度と行かない。あのときの居心地の悪さを思い出して、そう決心しつつ、ちょっとまたのぞいてみたい気もしている。

のんべえライターという仕事

「おとなの週末」の仕事をしていて、楽しかったのは、食べ歩き、飲み歩きしたことをそのまま書けたことだ。客としてその店に行ったときの、店の方の応対、どんなふうに注文を決めて、食べて、飲んだのか——。つまり、「その店でどう過ごして、どう感じたのか」を書かせてくれる。さらに、ありがたいことに、次第に「のんべえぶり」が評価され(?)、居酒屋の飲み歩き記事を中心に振ってくれるようになった。

そして、「いろんな街の銭湯に浸かり、呑み歩く」という、まったくもって「自分がしたい」企画をダメもとで出したら、なぜか通って、ありがたくも2年近く連載させてもらった。谷中、人形町、亀戸、銀座、青山、月島……。いろんな街の銭湯に浸かり、ぶらぶらしながらいい呑み屋を見つけて入る。なんとも幸せな仕事だった。

ネットや人の話を参考にすることもあるが、飲み歩きの場合は特に、街をぶらぶらして、安くてうまい酒場を探すことがほとんどだ。おかげで、その「嗅覚」はだいぶアップしたように思う。同じ酒好きの方には、「それくらいわかるよ」と言われるかもしれないが、ぼんやりとまとめてみると……。

●大通りや駅前すぐ、または駅ビルなどの一等地は避ける。

地価が高い、つまり家賃が高いはずなので、割高になる可能性が高い。もちろん、数十年もそこで営んでいるような店は別格。

また、地下の店は一見には入りにくいものの、ある居酒屋オーナーによれば「家賃が安いから、地下を狙って出店している」という。狙いめかもしれない。

●外観がさっぱりしている。

電光掲示板を使ったり、看板がやたらでかいより、万事控えめがよい。また、よくある「がんこ親父が仕込み中」など、既成の札などは使ってない方がいいように思う（ゴメンナサイ、もちろんすべてじゃありません）。

●店名が当て字系ではない。

これもゴメンナサイ、すべてではないのですが、いわゆる「族っぽい」当て字の店は避けてしまう。

●古くてもこぎれい。

建物は古いほうがいいくらいだが、玄関先などきちんと掃除してあると好印象。

●縄のれんと杉玉

縄のれんで、新酒ができたことを知らせる「杉玉」が飾ってある店は、いい日本酒を揃えた魅力的な酒場であることが多い。ただ、最近はスタイルとしてこうしている店も多い気が……。

●お品書きに季節のものがある。

お品書きが表に出ているなら、旬の素材が使われているかを見る。夏なら茄子やミョウガ、秋なら銀杏、サンマ……季節感は大事ですよね。

●中が見える場合、客がみんな楽しそうに飲んでいる。

これはもう間違いない！

と、いろいろ書いてみたが、あくまでも参考まで。

「人は見た目が……」ではないが、外見が好ましいと思ったら、おつきあいしたいけれど、たまに「ここ、教わらなかったら絶対入らなかったわ〜」という、外見イマイチなのにすばらしくいい店を教えてもらうこともある。逆に、外見も「好み」で、酒も料理もおいしいのだが、どうしても落ち着かず、行かなくなってしまった店もある。うーん、いろいろ書いてみたけれど、店も人と同じ、「相性」なのでしょうね。

2

東京・西のいい店6軒&ご近所3軒

●旬菜みつや―新宿御苑前―

季節感たっぷりの料理と「日本の酒」に酔う夜

ここ2、3年、友だち2人と、その店のおまかせコースを季節ごとにいただくという会をしている。普段、居酒屋などで単品で注文することが多いけれど、「たまには何も考えず『おまかせ』もいいよね」と友だちが言い出したのだ。

思えば、現代というのは選択肢が多すぎる。自分の欲望を満たそうと忙しく、希望が通るのはいいのだけれど、私たちは選ぶことに疲れてはいまいか——。なんておおげさなことを話したわけではないが、ともかく、内容を聞かず、出てきた料理にひたすら「わーっ」と感嘆し、おいしくいただく会なのである。

はじめは何軒か行ってみたあと、今は新宿御苑近く『みつや』に落ち着いた。いつも月替わりの「みつやのコース」6品を注文し、あとは出てくる料理を楽しみに、ひたすらおいしいお酒を飲む。ビールから始まり、次はワインに行くか、日本酒に行くか、そこが悩みどころだ。置いてあるワインはすべて国産、個性もあり、いい味わいのものばかり。日本酒もいつも気

季節の料理が楽しめる「みつやのコース」

になる銘柄揃いで、楽しくも迷いに迷ってしまう。

この日は3月上旬。3人組なので、いつもはテーブルなのだが、リクエストをして初カウンターにしていただいた。ご主人と対面しながら料理をいただいてみたいね、ということになったのである。一品目は、ホタルイカとウドのぬた。「ああ、春だねえ」と、一同ため息。二品目は蒸しガキとしもつかれ。「しもつかれ」、聞いたことはあるのだが……。

「栃木の郷土料理なんですよ」とご主人。

そうそう、たしか鮭を使った料理である。

「鮭の頭を、大根、人参、大豆、麹などと煮る料理なんです。私栃木出身で」

「そうなんですか！　聞いたことはあるんですが、食べるのは初めてです」

いただいてみると、鮭のうまみと大根の甘みだろうか、交わってとてもやさしい味わいだ。あ、麹も効いてるのだ。これは日本酒がほしくなる。

「実は『しもつかれコンテスト』に参加したんですよ」と、ご主人が言う。

「そんなコンテストがあるんですか？」と我々。

なんでも、栃木県今市市で毎年開かれるらしい。ご主人は総重量30キロほどにもなる「しもつかれ」を電車で持参し、コンテストに参加したのだという。

それで、結果はどうだったのか。

「それがねえ、ダメでした。オリーブオイルを使ったり、そういうのが受けてる感じでしたね」

ご主人とちゃんと話をするのは初めてである。年は40代だろうか、いつもきりっとした印象のご主人が、少々しゅんとするのがかわいらしい。しもつかれの定義は、鮭の頭と大根を使うほかは特になく、けっこうなバリエーションがあったらしい。自分ではおっしゃらないが、ご主人のしも

「蒸しガキ」と「しもつかれ」

つかれはいわば「正統派」なのだろうと思う。どんな「しもつかれ」にしようと自由なのだが、自分は「正統派」で勝負したい。けれど、意外性のあるものが受けて、自分の「しもつかれ」が一般には受け入れられなかった、という思いがあるのだろう。すみません、勝手な私の推測ですが。

しもつかれの味に引っ張られ、今日は日本酒へと進む。「流輝」と書いて「るか」と読む、うす濁りの酒がとてもおいしく、お代わりをする。

「すみません、『るかちゃん』、お代わりお願いします」

「なんで、『ちゃん』ってつけちゃうんだろうね」

「るか、今時の名前だね。でもおいしいから、いい」

女たちのどうでもいい会話も、ご主人はにこにこと聞いて……いや、流してくださる。

その後、ホッキ貝、赤貝のお刺身、わかさぎの塩焼きなど、〆の焼きおむすびのお茶漬けにいたるまで、ひたすら「みつやの世界」に浸った。コースもいいけれど、今日のようにカウンターに座ると、ご主人と話しながらアラカルトで注文するのも楽しそうだ。

幸せな気持ちで外に出ると、御苑の緑が香るような春の夜だ。

それにしても、と思う。こんなに素敵な店を構え、すばらしい料理を出し、客たちに喜ばれていても、ご主人は今も地元の「しもつかれ」コンテストに参加する。しかも、入賞できず、ちょっと悔しそうなのである。そんな方だからこそ、ずっと変わらずおいしい料理を作ってくれるのだろう――。などと思いつつ、次に来られる日を算段するのであった。

【旬菜みつや】
■東京都新宿区新宿2−3−16 ☎03−6323−7135 ■11時半〜14時、18時〜22時 日曜・祝日休 ■席：カウンター5席、テーブル5席、小上がり6〜8席 ■つまみ：枝豆700円、出し巻き玉子800円、お造り800円、鮎のコンフィ1200円、焼きおにぎり360円、みつやのコース4000円、ごちそうコース5200円 ■酒：日本酒（雁木、流輝、浦霞など日替り、120cc）800円〜、生ビール670円、焼酎グラス580円〜、ワイングラス700円〜、国産ワインボトル4000円〜
■手間をかけた和食とともにゆったりと呑める。日本酒はもちろん、ワインも日本産限定で揃えており、個性豊かな銘柄が楽しい

●呑者家―新宿―

季節感、意外性、コスパよし、幹事の強い味方

飲み会の店を任せられるのは決して嫌いではないのだが、決断力がなく、迷い過ぎてしまうことが多い。この前は韓国料理だったから和食か、あの店では予算が高すぎるか、やっぱり新宿が集まりやすいか……なんて考えすぎて疲れてしまったり。そんなとき、私にとって頼りになるのが『呑者家』だ。

10人以上の宴会もできるし、新宿に4店舗あるから、直前の予約でもたいていどこかには入れる。ざっくばらんな店の雰囲気からすると意外なのだが（失礼っ）、料理がきちんと作られていることにいつも感動する。

秋になれば、黒板メニューには、サンマの刺身、塩焼

き、冬には焼きガキ、生ガキ、春先には新筍——。旬の味も大切にしているのがわかる。

定番にはひとひねりあるものが多く、楽しい。「あつあつ明太豆腐」は、メについつい頼みたくなる温かい一品。「はんぺんのアーモンド焼き」は、見た目も味もとてもよかった。どんな料理かって？　あえて聞かずに、食べてみてください。

上／オススメの「3種のきき酒セット」
下／新竹の子の海老はさみ揚げ

「ここに来たらカツサンドをたべなくちゃ」と言う人もいる。一度頼んでみたが、これがほんとうにおいしい。ほかにも、「ちりめんじゃことポテト唐揚げ」「かに味噌グラタン」などなど、実に豊富で多彩なのである。

「大根サラダ」を頼んだときは、上にかけられた海苔の上質さに驚いた。いわば料理の

「脇役」なのに手抜きしていないのだ。

ここに来ると、99％頼んでしまうのが「きき酒セット」である。月替りで、3銘柄の酒をそれぞれグラスで味わえるのだ。この銘柄が、いつも心憎いものばかり。ある月は、「秋鹿　純米酒」「松の寿　純米吟醸」「宗玄　純米生原酒」。

「あ、これのほうが好きかも」「こっちは酸味がやや強いかな」などと、ちゃんと「利く」のは最初だけ。まあ、たいていはどれもおいしく、いつもだんだんわからなくなる。このセットが900円。「きき酒セット」のおかわりなんてことを、時々してしまうのもご容赦いただきたい。

『呑者家』に連れて行った友人はたいてい喜んでくれ、「あの店、この前友だちとまた行ったよ」などと知らせてくれる。それが幹事の醍醐味、かな。

【呑者家《どんじゃか》】　末広通り店

■東京都新宿区新宿3－6－12 藤堂ビル2階　☎050－5592－7856　■17時～翌6時、無休　■席：テーブル65席　■つまみ：もつ煮込350円、いか納豆450円、はんぺんアーモンドバター焼500円、大根サラダ550円、あつあつ明太豆腐550円、じゃがいもシャキシャキ炒め600円、カツサンド600円　新竹の子の海老はさみ揚げ650円　■酒：日本酒地酒各種450円～、月替わりの3種きき酒セット900円、生ビール500円、黒生500円、焼酎グラス400円～、ワイングラス450円・ボトル2000円

■バリエーション豊か、しかもはずさない料理の数々は圧巻。日本酒もいい銘柄が揃うので、月替わりのきき酒セットはかなりオススメ。

神楽坂の風情ある一軒家、土間で一杯やれる奇跡

神楽坂で呑む、というだけでちょっと浮き浮きしてしまう。

大通りからひょいっと路地に入れば、石畳、黒塀が花街の名残を感じさせてくれる。だが、神楽坂らしい風情があって、気軽にふらっと呑める店――となるとなかなか難しい。そんな酒場を求めてさまよっていたある日、出会ったのが『カド』である。

坂を登り切ったあたり、住宅街にたたずむ古民家。どうやらお店らしいと引き戸を開ければ、そこはなんとも懐かしい雰囲気の土間である。まだ外は明るかったが、ひとり立ち呑んでいるおじさまがいた。

庭を眺めながら座敷でも呑める

素敵なコース料理は3000円～

「こ、ここは立ち呑みなのだ！」

この空間で呑める、とわかったときの幸福感と言ったら、もう。

黒板を見れば、「鯖へしこ」「糠いわし」「おでん」という、「ザ・酒のあて」が揃う。くぅ。カウンター前の棚には、小泉武夫『粗談義』、東海林さだお『たくわんの丸かじり』、森下賢一『居酒屋礼賛』……。食いしんぼう、のんべえにはたまらない本や雑誌が並んでいる。なんだなんだ、ここは！　素敵すぎる。

お酒は「麓井」「新政」などの銘柄が一杯400円だ。「鯖へしこ」をちびちびとつまみ、お酒をいただく。土と木に包まれた空間というのは、落ち着きますね。時々本を眺めながら、ぼーっとしながらほろ酔った。

2、3杯呑んだ頃に玄関の奥にちゃんとしたお座敷がある、と気づいた。聞いてみると、この日はもう満席だという。

この店ならば、「立ってよし、座ってよし」にちがいないと、次は座敷を予約。昭和のままの座敷はやはり風情たっぷりで、庭と縁側がある。これまたいいお酒になった。

後日、ご主人にお話をうかがう機会があった。

「土間の立ち呑みは、外国で言うウェイティングバーのようなイメージだったんです。友だちと待ち合わせて、少し早く着いてしまったときなんか、ちょっと一杯呑みたいじゃないですか」

ああ、いいですねえ。人と約束して呑むのも楽しいのだが、その前にひとりで軽く呑んでおきたいときがある。座敷で呑む前に土間で一杯、もちろんふらりと軽く立ち呑むだけでもよし。『カド』に行くたび、この空間で一杯やれることの贅沢さを、しみじみと感じるのである。


【カド】
■東京都新宿区赤城元町1－32　☎050－5869－2561　■17時～23時（立ち飲み：火～金曜16時～23時、土日14時～23時）　月曜休　■**席**：立ち飲み、座敷20席、テーブル12席　■**つまみ**：豆腐の味噌づけ・とりわさ・牛すじ煮込み・鯖へしこ・鯖スモーク・キビナゴ唐揚げ・串カツ2本・鳥唐げ・山椒昆布・マカロニサラダなど各300円　■**酒**：日本酒（麓井、新政、花泉、南部美人など）グラス400円～、生ビール500円、焼酎グラス650円、ワイングラス500円
■一軒家の土間でさっと立ち飲み、ゆったりとコース料理と、ふた通りの楽しみがある。コース料理の場合、予約可。

●やきとん　たつや―沼袋―

焼きとんと「呑み鉄」店主が仕入れる日本酒ににんまり

今夜は沼袋で飲む。

待ち合わせは6時半だが、仕事をさっさと切り上げて5時半到着を目指すのは、沼袋の銭湯『一の湯』に入りたいからだ。この界隈、駅前の狭いところにぎゅっと、魅力的な赤提灯が集まっている。「ホルモン」、「焼きとん」、それに「奥様公認の酒場」……ってむむ、なんだ？

この「魅惑ゾーン」のど真ん中に『一の湯』がある。最近、無料のシャンプー、ボディソープを置いてくれる銭湯が増えているけれど、ここは化粧水、ニベアまでも「ご自由にどうぞ」と

置いてくれる。文春、新潮、女性セブンも置いてあるうえ、なんと古着のリサイクルコーナーまであるのだ。もしも突発的に銭湯に入りたくなり、さっぱりしたのに「あぁ、Tシャツが汗でべとべとだぁ」というとき着替えももらえるという、すごい銭湯なのだ。体重計だけでなく、身長を測る機械まであるのもなんだかいい。身長、久しぶりに測ってみたくなりますね。

さて、入ってすぐシャワーを頭からかぶった。私にとってはいつも通りだったのだが、「ちょっとあなた」と隣のおばさまが言う。はっ、怒られるかとちょっと緊張。以前、別の銭湯で、気をつけているつもりだったのだけれど、「ちょっとっ、お湯が飛んだわよ」と怒られたことがあったのだ。すると、優しい言葉が……。

「いきなりお湯を頭から被ると、体に悪いわよ。足のほうからかけて、だんだん上に行くといいんですって。私

はそうしてるの」

おばあちゃんに諭されたようで、うれしくなる。お礼を言って、「今度からそうします」と誓い湯船に浸かった。はあ〜。いい湯です。井戸水を使っているそうで、湯がとても柔らかい。

さて、風呂上がりの一杯に向かいますよ。

魅惑の赤提灯に目移りするけれど、今夜目指すのは『たつや』。

特製味噌が絶品の焼きとん

数年前のある日、徳島出身、当時関西在住の友人みやっちゃんから誘いを受けた。

「関西は大好きなんやけど、焼きとんがないんだよねえ。東京に来たときには、絶対『たつや』の焼きとんを食べてから帰る」のだという。そして今回も、「京都に帰る前に『たつや』に寄るから来ないか」という。私の仕事が長引き、店に着くとみやっちゃんはそろそろ出発しなければならない時刻だった。

「とりあえず、〃ちれ〃と〃たんした〃を食べて」

まるで仕事の引き継ぎのように、てきぱきと言うみやっちゃん。そして、食べた瞬間、私の「焼きとん」の概念が変わったのだ。豚肉のうまみだけがあって、独特の臭みというか、いやなところが一切ない。店特製の味噌が、豚肉と溶け合うようだ。私にお勧めの串を食べさせたところで、みやっちゃんはあたふたと店を出て行った。以来、定期的にあの味が蘇る。東京に来るたび必ず食べるという、みやっちゃんの気持ちがよくわかった。

「もつカレー」も人気メニュー

焼きとん恋しさからではないだろうけれど、みやっちゃんは転勤で東京に戻ることになった。以来、ときどき「『たつや』集合！」を決行している。『一の湯』で温まったあとに『たつや』で呑む、ハートランドの生がうまいっ。焼きとんセレクトは、やはりみやっちゃんにお願いする。

「ちれ、味噌で。せせりを塩、たんしたはおまかせで、2本ずつお願いします」

流れるように、味付けも迷いなく注文する。

「さすがだねえ」と、思わず口にする。

「ちれはやっぱり味噌だよねえ、たんしたは数が少ないから、早めに頼まないとなくなるからね」

みやっちゃん、ますますかっこいい。

「次どうします?」。生ビール2杯目を飲み干す頃、女性の店員さんがいいタイミングで聞いてくれる。日本酒にしようか。店主たっちゃんは、「鉄ちゃん」である。呑みながら鉄道で旅をする「呑み鉄」を実践しつつ、いろんな酒蔵も回っているそうで、いつもいい日本酒が置いてあるのだ。

「真澄」を頼みそうになった寸前、「亀治好日」という山形の銘柄を発見。長野から山形へと旋回し、いただいてみる。うまい。

「いいでしょう?」と、焼き台の前に立つたっちゃんが

左から「亀治好日」、にごり酒「Beppin」、「たつやのシャリハイ」

声をかけてくれる。

「おいしいっ」

すっきりしつつも米の味わいが感じられる、好きなタイプ。ちゃんと自分が飲んでから仕入れるという、たっちゃんのうれしそうな顔に、こちらもうれしくなる。焼きとんの1串1串、お酒の1本1本に気を配っているという自負が伝わってきた。

4月だというのに初夏のようだったこの日、「たつやのシャリハイ」でしめよう。キンミヤを凍らせた、シャリシャリのあれである。みやっちゃんも私も、火曜だというのにだいぶごきげんで、やっとのことで店を出た。

じゃ、また「たつや集合!」で。

【やきとん　たつや】

■東京都中野区沼袋3-27-6 1階 ☎03-5942-9986 ■17時～24時(フード23時LO、ドリンク23時半LO)※営業時間は変動あり　不定休 ■席:カウンター27席 ■つまみ:ちれ100円、はらみ110円、かしら110円、てっぽう110円、トマト肉巻き180円、こぶくろ刺350円、がつ刺350円、もつカレー(パン付)400円 ■酒:日本酒(玉風味、真澄、磯自慢、澤乃井など)グラス300円~、キリンハートランド生　ジョッキ550円、グラス320円、たつやのシャリハイ400円、焼酎グラス(キンミヤ)ロック300円、ワイングラス380円　席代100円

■特製味噌で食べる焼きとんが絶品。鉄道好きの店主が旅先から仕入れてくる「もつやすめ」も楽しみ。串物は1本から注文OK

●たつや―恵比寿―

恵比寿駅前の昭和酒場で昼酒を一杯

おさななじみ、かつ同級生の友だちからランチの誘いがあった。公私ともにフリーランスの私と違い、彼女は夫も子供もあり、なかなか自由時間がとれない身。久しぶりに会えるのはうれしく、「もちろんＯＫ」と返事をした。渋谷あたりに用事があるというので、私の頭の中には、おしゃれカフェやイタリアンレストランが浮かぶ……しかし、マダムな彼女が意外なことを言い出した。

「呑みたい。パスタとワインとかじゃなく、飲み屋がいい」

決して酒には強くないから、びっくり仰天したが、もちろんこちらは大歓迎。

渋谷あたりで昼呑みできる店を検索しているうちに、はたと思い出した。

『たつや』があるではないか。

恵比寿の駅前にある『たつや』は、朝から営業している焼き鳥屋。一時期よく行っていたが、すっかりご無沙汰だった。

のれんをくぐると、昼前だというのにカウンターには先客が10人ほど。すでにいい感じである。焼き台では、いい具合に熾きた炭火の上で串ものが焼かれている。飴色にいぶされたカウンターと丸いす、やっぱりいいなあ。

「わ〜、いいねえ」

のんべえではないが、酒場好きなマダムも一発で気に入ってくれたもよう。

しらすおろしにらっきょう。シブイ

生ビールのジョッキ大を注文。

乾杯し、どれくらいこの店に来ていなかったかと考えた。10年ほど前、『たつや』が好きな編集者と仕事をしており、よくへべれけになるまで呑んだのだった。彼とは呑み友だちだったが、いつも何かつらそうで、あまり酒に強くないくせにイスごと倒れるまで呑んでしまう。そんなことが重なると、何もできず、ただ見ている私までしんどくなる。次第に疎遠になり、『たつや』からも足が遠のいたのだった。彼は元気でやっているだろうか。

頼んだネギマ、ピーマン、厚揚げが届く。

「ピーマン、おいしいっ」と友人はごきげんだ。よかった、よかった。たしかに、香ばしく焼き上がったピーマンは普通のピーマンのはずなのにやけに美味しく、炭火の力を感じる。厚揚げも間違いないおいしさ。

「今日は、ペース遅いんじゃない?」

自分はあまり呑まないくせに、大ジョッキ2杯を空けた私にそんなことを言う。

「んなことないよ〜。すみません、ホッピーください!」

「なになに、ホッピーって？」

「あれ、知らねの⁉　ホッピーって言うのは……」

仕事も暮らす環境もまったく違うのに、話せばすぐに距離は縮まる。自然と故郷の言葉も全開だ。外は明るく、少しの背徳感。昼酒ってどうしてこんなに楽しいんだろ。

「待ち合わせはいつもここにしよう！」

ゆっくりと大ジョッキを1杯空けた友人が、うれしそうに言う。彼女にしては、かなり呑んだ方だ。息子さんが来年から家を離れることになるという。寂しさもあるが自由な時間が増える、そんな解放感があるのだろうか。

『たつや』で女ふたり、定例昼呑み。いいかもしれない。

【たつや】駅前店

■東京都渋谷区恵比寿南1-8-1 STM恵比寿ビル1階　☎03-3710-7375　■8時〜翌5時（日・祝日8時〜22時）　無休　■席：カウンター、テーブル計40席　■つまみ：ねぎま190円、かしら190円、てっぽう190円、しろ190円、つくね180円、らっきょう330円、しらすおろし390円、厚揚げ400円、もつ煮どうふ470円、ポテトサラダ390円　※串物は2本から　■酒：日本酒（1合）390円、サッポロ黒ラベル生　ジョッキ750円・大瓶650円、ワイン（300㎖）710円、ホッピー　470円、焼酎グラス470円

■1日のうち21時間営業している驚異の酒場。串物の肉が大きい！　人気の街となった恵比寿にありながら、変わらぬ「昭和の酒場」の雰囲気がありがたい

●根岸家―東神奈川―

裏返るお品書きに、「仙人」を夢見るのんべえたち

初めての酒場に行くならば、その店のファンに連れて行ってもらうのが好きだ。安心感があるのはもちろんありがたいし、何よりものんべえが熱く語るその店への愛は、お酒もあても10倍おいしくする。

JR東神奈川駅のすぐそば、真新しいビルディングの一角にぽつんと、その店はある。あたりの近代的な雰囲気の中で、その店だけが懐かしい空気をまとっている。引き戸を開けて暖簾をくぐれば、その空気はさらに濃く漂っているようだ。

連れてきてくれたのは、仲間内で日本酒と焼酎好きで定評があるホンマさんだ。以前からこの店への愛を熱く語っており、このたびやっとご一緒することができた。

「ここで呑む燗酒が好きなんですよねえ」

もちろん、ホンマさんにも好きな日本酒の銘柄は多々あるのだけれど、ここでは「高清水普通酒」燗酒がいいんだ、と語る。コの字カウンターの中では、おかみさんがお燗をつけている。

お猪口に注ぐとふわっと広がる甘い香り、口に含めば舌にやさしく、身体に染み渡っていく。ほんと、ここではこれ、ですね。さしつさされつ、時には手酌で、すいすいとお銚子を空けていく。何本でも呑めてしまいそうだ。

壁の黒い板に白字で書かれたお品書きは、いわし、にしん、おにかさご、あいなめなどの刺身類。刺身を取った〝アラ〟である頭や肝などは、たとえばこんな具合になる。きんめだいかぶと煮、おにかさごかぶと煮、かわはぎ肝煮——。お酒が進むこと間違いない、こうした一品を200円〜400円くらいで出してくれる。魚を丸ごと大事にいただく。魚好き、特にアラ好きの私はホンマさんに深く感謝した。

「おにかさごかぶと煮」ににんまり

ところが。幸せの黒い板は、パタンパタンとどんどん容赦なくひっくり返されていく。

「あ、言い忘れました。人気のメニューからなくなっていきますからね、食べたいものを後に取っておいちゃだめですよ」

えっ、早く言って……。次にいこう、と決めていた「かわはぎ肝煮」はすでに裏返っている。ショック。

「じゃあ『おにかさごかぶと煮』と『くずれしゃこ』、ください！」

よく味の沁みた「おにかさごかぶと煮」は、熱燗のあてに最高だ。骨までしゃぶる、しゃぶる。「くずれしゃこ」はまさにその名のとおり。形は崩れているけれどそのぶんお得で、しゃこの味わいはそのまんま。かぶと煮といい、こういう、客にやさしい一品揃いなのだ。

「あのねえ、黒板が裏返ると『ああ、なくなっちゃった』と思うんですけど、食べられなくてもふしぎとそんなに悔しくないんですよ。なんだか、自分がこの店の客になれたんだなあと思うんです」

ほろ酔ってきたホンマさんが、わかるようなわからないようなことを言う。が、自分もほろ酔っており、「うんうん」と、ひたすらうなずく。

「客の誰かがその肴を食べて喜んだんだから、いいじゃないか」というような気持ち。だったら、わかる気がする。店の客はみんな家族、なんである。

ホンマさん曰く、開店から1時間経った午後5時ごろにはおなじみさんたちがコの字カウンターをほぼ埋める。そして、6時過ぎる頃には気持ちよく帰っていく方も多いのだという。その後は、会社帰りの客でにぎわう。

「サラリーマンのうちは無理ですが、ぼくは引退したら、4時の開店と同時にここにいますよ。夢は、ここの『仙人』になることです」

「仙人?」

「はい、見たところ、カウンターには『仙人』や『妖精』さんたちがいます。まるで長年通い続けて、店と一体化したような。一度タマネギフライをくれた方がいるんですよ。『揚げ物食べたいんだけどひとりじゃ多すぎるから』って。楽しそうに呑んで、かっこいいんです。そんな『仙人』になりたいですねえ」

ホンマさんの顔には、店への愛があふれている。

「そうそう、ニッタさんをこの店に連れて来たら、やっぱり『私は妖精になりたい』って言ってましたよ」

ニッタさんは、共通の女の呑み友だちである。

「よし、決めました。わたしも『妖精』になりましょう」

もう脳内には、しっかりと描かれた。10年後の午後4時、開店とともにコの字カウンターを囲む我々、仙人と妖精たちの姿が。

※お店の希望によりデータ非掲載

●太田屋—不動前—〈ご近所〉

いかゲソ串にほれぼれ、バンタンにへろへろ

桜という木は本当にエラいと思う。春の美しさはもちろんだけれど、夏には葉を茂らせて通る人を涼しくしてくれるし、秋には紅葉が美しい。

桜並木の「かむろ坂」を下って、ご近所の「太田屋」に向かうとき、よくそんなことを考える。「太田屋」に行ける喜びが、桜への感謝に通じていることは間違いない。ああ、堂々たる赤提灯が徐々に近づいて来るときの幸福感、縄のれんをくぐるときの幸福感。そして、壁にびっしり貼られたお品書きを眺めるときの幸福感。「いったい何種類あるんだ⁉」と叫びたくなるほど、この店の「壁びっしり度」はすごい。よく見ると同じメニューが2箇所に貼られていたりするのだけど、だいた

いのんべえは「びっしり」が好きだからいいんです。「いらっしゃいませ！」と、ご主人。もつを焼く手は止めないまま、必ず挨拶してくださる。

席に座って、うーん、と迷う。かしら、豚バラなんかの串焼きもいいのだが、一品ものにも目が行く。あさりの酒蒸し、じゃがいもの素揚げ……ああ、たまらん。必ずゆでたて、香りのよい枝豆も捨てがたい。たいてい頼むのは、いかの串焼きだ。一見「いかゲソ」だけかと思うのだが、よ〜く見ると身の部分とのミックス。身、ゲソ、それにエンペラがいい具合に1本の串の中で混じり合っている。その手間を考えると、泣きたいくらいありがたい。ほかの串焼きは「塩またはたれ」なのだが、いかを頼むと選択肢に「しょうゆ」も加わる。この「しょうゆ」焼きが香ばしくていい。げそを噛みしめ、ぷりっと焼き上げられた身を味わい、エンペラの食感。270円の幸せだ。

ぷりっと焼きあがったいかゲソ串

生ビールを2杯ほど飲んだ後、日本酒にいくかホッピーにするか、または「バンタン」へと向かう。店のお品書きによると、「バンタン」とはサワーのもともとの名前だそうだ。「太田屋」の赤提灯には墨字で堂々と「バンタン」と描かれていて、店名と勘違いする人もいる。このバンタンの「大」がすごい。大ジョッキになみなみと注がれ、しかも濃い。1杯でもうべろべろ……と言いたいのだが、なぜかすいすい2、3杯はいける。はい。

焼き台のかたわらに立つのはおかみさん、てきぱきと注文を取って料理や酒を運ぶのは娘さんと息子さんだ。10年くらい前だったろうか、私が初めて来た頃は小学生くらいだったのに、とちょっとじわっと来る。いかん、酔っ払いだ。ほろ酔って、今度はかむろ坂をゆっくり登る。また飲むぞ、あの縄のれんをくぐって。

【太田屋】

■東京都品川区西五反田4-13-5　☎03-3491-3620　■17時～23時ごろ　日曜・祝日休　■席：カウンター、テーブル　計約40席　■つまみ：もつ焼各種1本130円、つくね210円、タコ串・アスパラベーコン串・いかゲソ串各270円、山うど酢みそ490円、新じゃが唐揚520円、中落ネギトロ890円、鯨竜田揚げ890円　■酒：日本酒菊正宗530円、立山630円、銀盤650円など、生中600円、生れもん・生ライム・生グレープフルーツ各バンタン(大)515円、焼酎各450円～

■一品料理はけっこう量があるので、2、3人以上でも十分。串焼きは1本からOKなので、ひとり呑みにもいい。人気店なのでグループで確実に入りたいなら予約するのがオススメ。

酒よし、つまみよし、遠出しなくなる近所のいい酒場

日本酒が好きである。

かといって、たくさんの銘柄があればあるほどいいというわけではない。

その店が選んだタイプの違うお酒が数種から20くらい、季節によって銘柄を変えて用意してくれてる店がいい。そして、一人でもいろんな銘柄を飲みたいから、1合単位だけでなく、半合やグラスも出してくれるとありがたい。

そんな、私の理想ど真ん中の1軒が『居酒屋　山猿』だ。お品書きに筆字で書かれた日本酒の銘柄は、20ほど。にごり、おりがらみ、生原酒……。その1つ1つに、店主さんの言葉が添えられている。

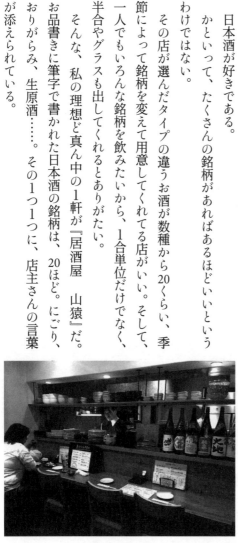

たとえば、埼玉の「神亀」には「純米酒の神様」。宮城の「綿屋」には「お刺身に合いますね！スルスルとキレ抜群!!」。そして、三重の「長珍　純米酒　無濾過生詰」には、「山田錦の旨みたっぷり!!　一番好きな酒です」。

入れ替えながら常時20種ほどの酒が揃う

うんちくではなく、店主さんの愛と実感がこもっている。私はこのお品書きを見て、いつまでもニヤニヤしていられる。銘柄に関係なく、1合680円、半合350円という値段もうれしい。

あぶり鯖のへしこ、たらこのサッと焼き、からすみチーズ――。思わず、「くぅ〜っ」と声が出るのんべえ心をとらえるつまみの数々もすごい。一人で行ったときは、「日本酒のアテ三種盛り」を頼む。刺身、豆腐のもろみ漬などを日替りで出してくれる。心にくいのは、日本酒の「アテ系」だけではない。自家製の焼売や、玉ねぎを丸ごと焼いた「玉ねぎのまっ黒焼き」はリピートしたくなること間違いなし。メの「麦とろセット」は、ヘルシーでうまい。気取らず、幅広いジャンルの料理が揃うのだ。店主さんは、30人近く入る店の料理をほぼすべて一人で作りながらも、日本酒を語り、いつもにこにこと気持ちのよい笑顔を見せている。

「すごい店」なのに、決して気取らず、堅苦しくもなく、「すごいんですよ」という主張をこれっぽっちも見せない。だからいつも、近所の人や会社帰りの人たちなどでにぎわっている。おおげさですが、この店に行くたび、店も人間も同じだなあと思うのです。

この店が、家から徒歩5分のところにある幸せ。なんだかすみません。

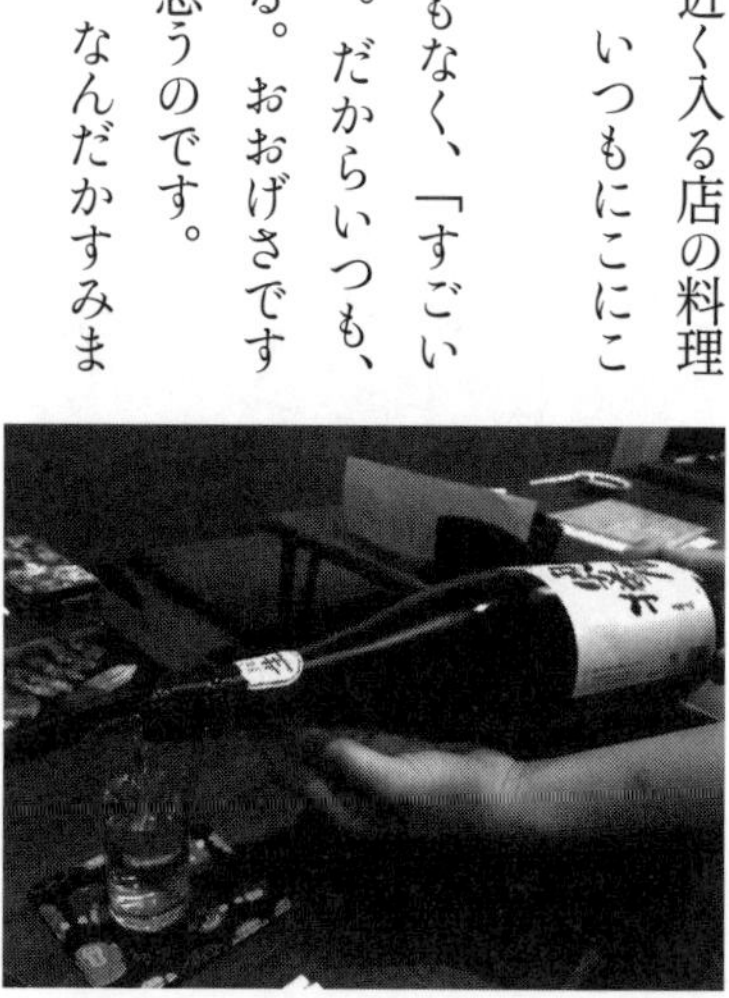

【山猿】

■東京都品川区西五反田5−12−3 ☎03−3491−5470 ■17時〜24時、金曜17時〜翌2時 日曜休 ■**席：**カウンター、テーブル 計約30席 ■**つまみ：**たらこのサッと焼き380円、鮭とばの炙り380円、わた入りイカの炙り380円、キツネコロッケ（2個）480円、自家製薩摩揚げ480円、玉ねぎのまっ黒焼き480円、麦とろセット300円 ■**酒：**日本酒日替り（いづみ橋、長珍、神亀、玉櫻など）半合350円・1合680円、生ビール450円、山猿サワー400円、焼酎各400円〜、ワイングラス380円・デキャンタ1200円

■ご主人が選んだ日本酒が入れ替わりながら、常時約25種ほど揃い、半合から注文可。つまみも心憎いものばかり、日本酒好きにはたまらない。

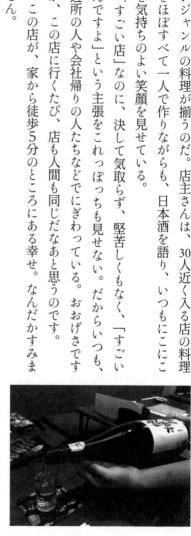

●しゅう―不動前―〈ご近所〉

魚料理と野菜たっぷりお惣菜、通いたくなる一軒

駅を降り、飲食店が並ぶにぎやかな通りとは逆の住宅街に向かう。2、3分ほど進むとぽつんと現われる一軒の居酒屋が『しゅう』だ。間口は一間ほどか、扉を開けると10人ほど座れるカウンターが奥に伸びる。ほかには、2卓並ぶ小上がりがあるだけのこぢんまりとした店だ。カウンターに立つのは店の名前と同じ、店主のしゅうさん。包丁を握りながら「いらっしゃい」と口にする姿は、時代劇俳優のようにシブい。女将さんも、いつもにこやかな笑顔で迎えてくれる。もう、これだけでうれしくなってしまう。しかも、料理もいいのだからたまらない。

ホワイトボードには、その日オススメの料理の数々。席に座ると、カーテンレールに下げられたこのホワ

ご主人夫妻が笑顔で迎えてくれる

カーテンレール上を移動するメニュー

「むかご」など季節の味わいも

イトボードがスーッと目の前にやってくる。別の人が見たがったら、スーッとそちらへ押しやればいい。これ、すごくいい方式。定番メニューもあるけれど、たいていはこのホワイトボードにある日替りから選んでしまう。アジ、イワシ、アオリイカ、カキなど、魅惑的な魚や貝に目移り。一品料理はほうれん草のごま和え、セロリとイカの炒めもの、シイタケ焼売……こちらも、迷いに迷う。刺身は４００～６００円前後、一品料理はほとんどが３００円台と値段もうれしい。料理はどれもおいしく、そして意外性もあって、楽しませてくれる。「シイタケ焼売」は、てっきり餡の中にシイタケが入っているのかと思えば、シイタケの内側に餡を載せて焼売の皮を載せて蒸したもの。「一本取られた！」と食べれば、これがとても美味。肉厚のシイタケと挽肉の餡、食感とうまみが絡み合って絶妙だ。

　魚のお品書きに、たまに「釣りタイ」「釣りアジ」とあったりする。聞いてみると、「釣りが趣味のお客さんがいらっしゃって」とのこと。時には、カワハギやアマダイ、冬には、めずらしい「クエ鍋」なども登場する。

ある夜一人で飲んでいると、隣で飲んでいた男性客が忘年会の予約をしている。

「じゃあ、お願いします！」

無事予約を終えたらしく、帰り支度を始めた。

「あら、もうお帰りですか」

女将さんが少し驚いた。いつもはもっとゆっくり飲まれる方なのだろう。

男性は、「はい、今日は予約するために来たんですよ」と、ちょっとはにかんだように笑う。

電話でも予約はできるのに、店に来て少し飲んでから予約をする。その気持ち、わかるんだなあ。この方にとっても『しゅう』はとても大事な店なのだ。ほのぼのとした気持ちになり、お酒をもう一杯。かくして今宵も、いい具合に酔ってしまうのだった。


【しゅう】
■東京都品川区西五反田5－9－17　☎03－5496－9290　■17時半～24時、月曜、木曜休　■席：カウンター、座敷　計17席　■つまみ：本日の魚介・あじの叩き580円、ちょいしめいわし480円、生かき380円、焼かき380円、お好み3点盛1300円、鶏れんこんつくね200円、アスパラのホイル焼380円　■酒：日本酒浦霞、くどき上手など600円～、生ビール中550円、焼酎各380円～。ホッピーセット500円、ワイングラス400円
■魚料理は鮮度バツグン、良心的な価格でいつも大満足。手間暇掛けた野菜を中心にした惣菜もうれしい。こぢんまりと温かい雰囲気で通いたくなる一軒だ。

女のんべえ道

日々いかに「いい酒」で終われるか、を追い求めるのが「のんべえ道」だ。

まず私なりに、「のんべえ」の定義をしてみたい。単に「酒が飲める」「酒に強い」だけではのんべえではない。のんべえとは、「酒が好きで、なんやかんや理由をつけて隙あらば呑みたがる人」だと思う。だから「お酒は呑めるけれど、宴会のときしか呑まない」というような人は「非のんべえ」だ。

亡き祖父は存命中、昼食のとき料理の品数が多いと、「お、うまそうだから一杯やっか」と言って私に止められていた。その頃私は「非のんべえ」だったので、「のんべえ」祖父の気持ちがわからなかったのである。今なら一緒に昼から楽しく呑んでいただろう。ごめん、じいちゃん。

のんべえとして「楽しく、いい酒」を心がけているけれど、過去に「からみ」「泣き」などが入った夜もあったと思う。迷惑かけたみなさん、ほんとごめんなさい。アルコールというのは、精神を解放させるわけで、適量ほろ酔いならば緊張が解けて楽しい気分になる。が、一定量を超えると心の奥深い部分にある、不満や悲しみまでも解放されてしまう——とざっくり考えている。

つまり、要は飲み過ぎるのがよくない。非のんべえは、こう言うだろう。

「だったら飲み過ぎなければいい」と。

しかし、楽しくなってしまい、なかなか適量で切り上げるのが難しい人種こそが「のんべえ」なのである。そこで、いろんな心がけが必要となる。

つまみがほとんどない、いわゆる「空酒」は絶対いけない。つまみを適度に食べる。呑むペースが速過ぎるのももちろんダメ。

アルコールと一緒に水を摂るのも大事だ。洋酒ならチェイサー、日本酒なら「やわらぎ水」などと呼びますね。30代くらいまでは、呑み友だちがお酒の合間に水を呑んでいると、「何ともったいないことを」と思ったものだった。お酒を呑んで酔うのが楽しいのに、せっかくの血中アルコール濃度を「なんで薄めちゃうんだ!?」と本気で思っていた。私、強かったのだ。
30、40代と、やはり年齢と共に弱くなっているようで、その自覚なしに、強いつもりで呑んで記憶を失う、ということは多々ある。まだまだ走れるつもりで運動会の親子リレーに出てこける、お父さんのようなものである。

まあ、弱くはなっているけれど、十分強いほうではあるらしい。「ゆうべは家で軽く」と友人に言うと、「どれくらいか」と聞いてきた。「ビールロング缶2本と、日本酒2、3合くらい」と答えたらきっぱりと言われた。「それは軽くない」と。

願わくば、酒量を減らしながらも、大往生するまで楽しく呑みたい。

あるとき、門前仲町の焼き鳥屋で友だちと呑んでいると、元気なおばあちゃん2人がやって来た。おなじみさんらしく、慣れた様子でテーブルに座り、くいくいと瓶ビールを空ける。笑い声が心地よい。聞けば、近所に住む飲み仲間だという。

「もうねえ、今日は呑まないつもりだったのに、この人が」

「何言ってんの、呑みたかったくせに。あのね、私たち、『呑むわよ~』って言うときはLINEで連絡取り合うの」

「わ、ハイテクですね!」と、ついつい昭和な反応をしてしまう私。

なんと元気な、のんべえの先輩たち。70代にはなっているだろうか。2人で瓶ビールとチューハイを数杯空けて、すっと美しく帰って行った。よしっ、と決意する。私も「のんべえ道」に精進し、先輩たちのように楽しい酒を死ぬまで呑み続けるのだ。

女が一人で呑むということ

雑誌に関して、昨年一番驚いたことは、「Hanako」が立ち飲み特集をしたことだ。我が地元武蔵小山発祥、いまや都内で人気のチェーン居酒屋となった『晩杯屋』中目黒店がどーんと巻頭で紹介されていた。

最近は居酒屋はもちろん、ちょっと渋めの立ち飲みや大衆酒場に行っても、若い女の子が2、3人、たまに1人で呑んでいるのも珍しくない。先日、荒木町にある居酒屋で友人と呑んでいたら、ふらりと20代くらいの女性が入って来た。やきとんを数本と、トマトジュースを頼み、隣のカウンター席でおいしそうに食べている。この店は荒木町の路地奥にあり、清潔ではあるが渋めの串焼き屋。決して女性一人が入りやすい店ではない。

「よく来るんですか？」

好奇心のままに話しかけてみた。

「はい、会社が近くなので。お腹空いちゃって」

「お酒は呑まないの？」

おおきなお世話だが聞いてみると、

「呑めないんですよ～。でもここやきとん安くておいしいし」

なんと柔軟なんだ！　と四十路の私はいたく感激した。同世代の女友だちに聞くと、一人で呑むのはもちろん、ラーメン屋や喫茶店も無理、という人は多い。彼女は「安くておいしい」と、肩肘はらず一人でこの店に通っている。しかも下戸だ。

なんとなくうれしくなって、オネエさんは酒が進んでしまった。

20代の頃から、ひとりで呑むのは好きだったのだが、「むずかしいなぁ」と感じていた。当時住んでいたある街に、おかみさんが一人で営む居酒屋があった。おかみさんは、姉御肌というか、明るくめんどうみのいいタイプ。何度か通った頃、電話番号を教えた。するとある日、電話がかかってきた。

「ほんごーちゃん、カモが来てるわよ」

聞けば、いま、常連さんのおじさんが店に来ているということらしい。その人には、前に一度ご馳走になったことがあった。常連さんが、自分より年下の客に「ここはいいよ、ご馳走するよ」という流れ。断ったのだが、あまり意地を張るのもよくないか……と甘えてしまったのだ。

おかみさんは、その客を「カモ」だと言う。つまり、私にまた来てご馳走になりなさいよ、と言っているのだ。私はしょぼんとした気持ちになってしまい、その店には二度と行かなかった。

その同じ街で、バル風の店に入ったときのこと。こちらも40代くらいの女性が一人で営んでいた。ワインが豊富な、山小屋風の素敵な店だ。客は、カウンター席に私一人、離れたところで30代くらいの男性がやはり一人で呑んでいるだけ。

するとそのママさんは男性にこういった。

「せっかくだから、こちらの隣にいらしたら。一緒にお話ししましょうよ」

私の隣、にである。ここはユースホステルか、お見合いバーか！　自然と客同士が話すのは好きだけれど、店側が仕切ることではないだろう。その男性は素直に隣に来て、「一緒にお話」しつつ、小一時間呑んだのだった。この店にも二度と行かなくなってしまった。

ほかにも、「一人呑み」エピソードには事欠かない。

バーで一人で呑んでいたとき、「ねえちゃん、失恋でもしたの？　おこづかいあげる」と千円札をポケットに入れられたこともある。このときは、まあほんとに失恋したてだったから余計に腹が立った。

その数年後、近所の若い男性店主一人で営む料理屋によく通っていたら、「店主に片思いする女性客」という位置づけにされた。店主さんが結婚したとき、常連さんに慰められたのを覚えている。その後、奥さんがカウンターに立つようになったので、なんとなく行きづらくなってしまった。つまみが美味しくて、いい店だったのになあ。

一人で楽しく、気持ちよく呑むのは、ほんとうに難しいと思ったものだ。

今は、若い女たちが、ひとり呑みも、女同士の呑みも以前より気楽に楽しんでいる時代だ。周りの見る目も変わってきたのだろう。若い女が一人で呑んでいるからと言って、まさか「失恋したの?」と話しかけるおっちゃんは絶滅した(と思いたい)。

先日、ある友人がこんな話をしていた。

彼がよくひとりで行くバーに、同じくひとりでよく来る30代の女性がいる。最近恋人ができたらしいのだが、かなりディープなノロケをずっと聞かされるというのだ。だったらバーに来ないでデートをすればいいのに、と思うのだが、遠距離恋愛らしい。彼は聞き上手だし、穏やかな性格なので、彼女にとっていい話し相手だったろう。しかし、一日の仕事を終えて、バーでくつろぎたいというときに、毎回ノロケ、しかもディープなやつを聞かされる方はたまらない。そのバーには行かなくなってしまった、と言う。温厚な彼が行かなくなったのだから、よほどのことである。私は、「うーん」とうなってしまった。彼が言う。

「女性が一人で呑みに来るの増えたよね。それ自体は、すごくいいんだけど、オレ思うんだ。昔飲み屋で常連ぶってくだまいてたタイプのおっさんの一部が、女にすり替わっただけなんじゃないかって」

これはキョーレツパンチであった。酔っ払って、店主、あるいはおなじみさんをつかまえて、自分が聞いてほしいことをとにかく吐き出す。そういう客には決してなるまい、と自戒したのである。

かっこいい「男の呑み方」
悲しい、勝手に注文

なみなみと注がれた日本酒のグラスが、カウンターに置かれた。頼んだ男の人が、「ちょっと失礼」と隣の私に断って、ひょいとグラスに「お迎え」に行く。ああ、かっこいいと見とれてしまった。

「もっきり酒」はグラスに口を盛っていく、つまり「お迎えに行くのが作法」という人もいるが、背をかがめることになり、あまりかっこよくないと思っていた。自分自身は迎えに行かず、そっと口元まで運ぶことにしている。けれど、こんなふうに「ちょっと失礼」と言えば、口をすぼめる仕草さえなんとなく粋ではないか。たまたま居合わせた隣の客に断る必要などまったくないのだけれど、「お行儀悪いけど、ちょっとかっこわるいけど失礼ね」という感じ。周りからどう見えるかを意識しているからなのだろう。もちろん意識過剰は疲れるけれど、男女問わず、ある程度周りの視線を意識するほうが断然かっこよくなるのは間違いない。

かっこいいのんべえ……機嫌良く、おいしそうに呑み、食べていることがまず一番ですよね。

そして、こぢんまりとした酒場では、話題選びにもちょっとだけ意識してほしいなと思う。苦手なのは、自分の仕事や趣味のことばかり話す人。こういう人はたいてい人の話をよく聞かない。

常連度の高い店で、他の客の噂話や内輪の話ばかりする人……悪気はなくても店が「サークル化」してしまう感じ。いや、店主さんがそれでいいなら文句は言えないのですが。

じゃあどんな話ならいいかと考えれば、ニュースやスポーツの話、最近の映画、ある程度みんなが興味を持て、誰も傷つかない話――ではないかなあ。難しいけれど。

仕事のために、ある酒造会社のホームページを見ていたら「大衆酒場の掟」として何カ条かがあった。その一つが、「他の人のプライベートの話はしない」。

曰く、「大衆酒場の常連さんたちは意外にプライベートの話はしない。会話はテレビのニュース、お祭りの話などを中心に」。これ、大賛成です！

そして、もし女性とサシで呑むなら、まずは話を聞いてほしい。政治やスポーツの話などで、「女より男のオレのほうが知ってる」とはじめから決めてかかっている人、けっこういませんか？　自分の知識や考えをご披露するだけでは、会話じゃなくて講義になってしまう。決めてかからず、相手が何に興味を持っているか、詳しいのか、聞いて、そして話してほしい。あ、これって呑むときに限らないですね。

もう一つ、男の人と呑むとき、食いしん坊の私には絶対譲れない点がある。つまみを勝手に頼む人はもう絶対ＮＧだ。相手がよく知っている店だとしても、こちらに聞かずに、注文を全部決められてしまったとき、ほんとうに悲しい。「嫌いなものない？どんなのがいい？」と聞いた上で、お品書きをふたりで見て決めたいのだ。ボリュームにもよるけれど、お互い2品くらいを選ぶ。相手に決めてほしい女性もいるかもしれないが、私は半々くらいを選ぶのが理想である。

もちろん逆に、男性に「なんでもいい」と言われて、私が全部決めるのもつまらない。この人はどんな料理を選ぶんだろうか。異性として興味があれば、なおさら知りたいではないですか。

そして、弱い人は弱いなりに、強い人もほどほどに呑んで、きれいに引き上げる――。これ、大前提かもしれない。むろん自戒も込めて……書いておこう。

「いいではないか、手酌」。「日手連」は魔法の言葉

自分で自分のグラスにビールや酒を注ぐ。ごく当たり前の行為だと思うのだが、外で、特に宴会でこれをやるとたんに「手酌」と呼ばれ、忌み嫌われる――ように思う。

「あ、手酌なんてそんな」

「失礼しましたっ！」

周りの人があたふたと慌てて、瓶やお銚子をうばっていくことも多い。

わたしは20代の頃から手酌をしていたらしく、当時からつきあいのある仕事仲間の男性に言われた。

「いやぁ、宴会でほんごーさんが手酌で日本酒飲んでいて。女の人が手酌で呑むの初めて見てびびったなあ」

び、びびらせて、ごめん。いや、でもねえ。小ぶりなグラスやお猪口など、あっと

いう間に空けちゃいますよね。注いでもらうのを待ってるのもなんだし。逆にほかの人に対して自分が気を配れるかというと、「飲み干してから注がれたいタイプ」と「常に満たされていたいタイプ」がいるし、もうしちめんどうくさい。

昔は、ひとりで居酒屋に入り、本当は瓶ビールにしたいのだが、手酌が必然となるので生ビールにする、なんてこともあった。

けれど、もう自分のペースで、自分が好きなときに呑む。瓶ビールも呑みたい。いいではないか。仕事で市田ひろみさんに、食事のマナーについて話をうかがう機会があった。ひととおり聞き終わったあと、あの質問をぶつけてみた。

「市田先生、手酌はお行儀悪いんでしょうか?」

「ええのよ~、だって空になったからって誰かが注いでくれるの待ってるより、手酌したほうがよほど素敵でしょう」

市田さんの言葉にも力を得て、以後「いいではないか、手酌」ということにした。

しかし、手酌をしたときに周りが「あわわっ」となることにどうも慣れない。そこで、こう宣言することに。

「だいじょうぶ、わたし『日手連』なんです!」

たいていの方は「へっ?」という顔をするので、説明する。

「日本手酌連合。わたし、会長なんです」

「そんなのあるんですか!」

「あるんです。会員1名ですが」

などという会話で笑ってくれるので、穏便に手酌を遂行することができるのだ。

どうせ手酌をするなら美しくしたい。会員一名とはいえ日手連会長である。研究した結果、真横に注ぐよりも、自分のグラスをやや前方に身体から離し、ビール瓶やお銚子を身体に対して前方斜めに傾けるようにすると美しいという結論に達した。もちろん、片手ではなく、誰かに注ぐときと同じように両手で持つ。自己満足であるが。

もうひとつ、日手連は原理主義ではない。手酌もするが、もちろん誰かが注いでくれたらありがたくグラスまたはお猪口を持って受ける。ここで「いえっわたしは手酌で」と頑なに拒否するのはなし。「おっとっと」なんて受けるのも、これもまた楽しいですもんね。

ある夜、いつもと同じように「日手連」会長を名乗った飲み会の席で、のんべえの大先輩が、突然言った。

「手酌の会っていえば、井崎脩五郎さんだよねえ」

そ、それはいったい。

「昔『手酌友の会』ていうのがあって、会長は井崎さんなんだよ」

なんと、勝手に「日手連会長」なんぞを名乗り喜んでいたが、大先輩がいらっしゃった。しかも井崎さん！　たいへん失礼しましたっ。

さらにある日、私がまたも「日手連」会長を名乗ったときのことである。

「僕は日本手酌の党、党首だよ」とホンマ氏（男）が言う。するとアベちゃん（女）が、

「え、私は日本手酌の会会長です」と続く。

なんだ、なんだ！　みんなも作っていたのね、「党」とか「会」とか。一つ言えるのは、まあのんべえの発想は似たようなものであり、「類は友を呼ぶ」ということである。

その飲み会が終わる頃、私たちは、大同団結し、「日本手酌連盟」を新たに結成したのだった。

3

変わり呑み・非日常呑み4軒

●小松、丸源—錦糸町—

「打つ」人たちのお膝元錦糸町、「金杯」で一杯

「呑む」ばかりで、「打つ」ほうはしないのだけれど、唯一の例外は、お正月の「金杯」である。メンバーは、おおむね男女2人ずつの呑み友だち4人。といっても、そこは競馬場ではなく錦糸町のしぶ～い酒場。美しい芝の上で爽やかな若者たちが観戦する、JRAのCMとは似ても似つかぬのである。

この「金杯呑み」が始まったきっかけは、飲み友だちさいちゃんからの一言だった。「錦糸町にいい呑み屋があるんだよ～。ホッピー頼むとグラスがほとんど焼酎！ 昼間っから、みんな競馬中継見ながらいい感じで呑んでるよ」

何やら、その店にたまらなく行ってみたくなった。せっかくなら、錦糸町のWINSで馬券を買い、競馬中継に熱くなろうではないか——。「まずは正月に！」ということで年一度の「金杯呑み」が始まったのだった。

錦糸町駅からほど近く、ということはWINSからもすぐ。馬券を買って、店に集合だ。

「小松」と染め抜いた、しぶいのれんをくぐると、ほそ〜いコの字型カウンター。あとはテーブル席2卓だけの店だ。ホッピーを頼むと、これがほんとに焼酎がグラスの7割は入って出てくる。強者は、ホッピー1本で「ナカ」を4、5杯お代わりする。見ていると、ホッピーで焼酎をほんのり色づけしているだけではないかと思うくらいだ。私はちょいと弱気で、お代わり2度が基本。つまり、ホッピー1本で「ナカ」3杯ということでやめておく。はい、あとから日本酒も呑みたいもので。

たこぶつ、まぐろぶつがうまい。よーく味の沁みた厚揚げ煮は、この店の雰囲気にぴったり、しかもいい味なのだ。

それぞれに買った馬券をテーブルに置き、出走を待つ。私は組み合わせが面倒なので、シンプルに単勝買い。りえちゃんも単勝狙いだ。さいちゃん、わくちゃんは、三連単がお好き。

「よっし、レース当てたら換金して豪遊するぞ」

「6番、行けーー」

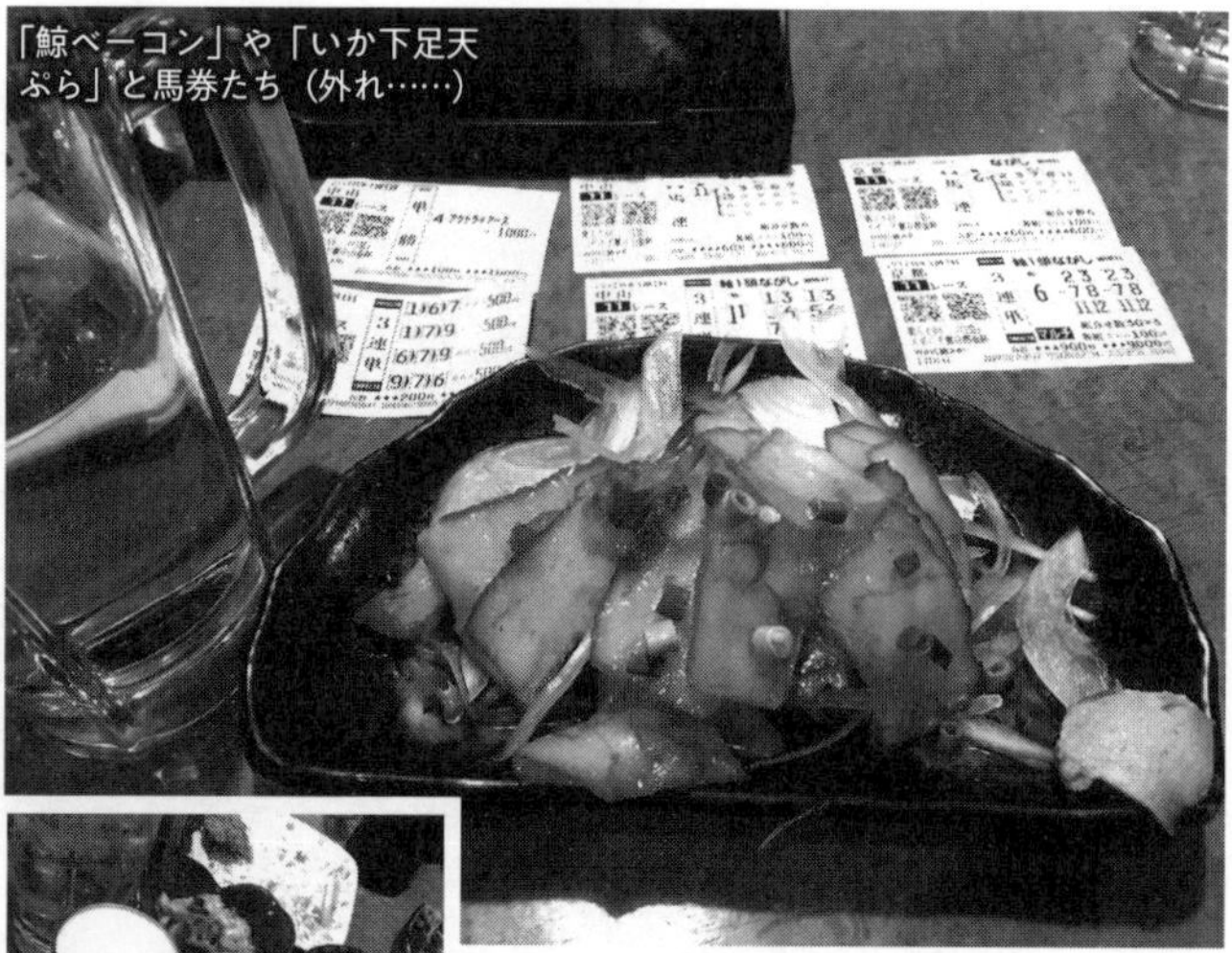
「鯨ベーコン」や「いか下足天ぷら」と馬券たち（外れ……）

ひとしきり盛り上がる……が、豪遊できるはずもなく、レースが終わる。とはいえ、要は今年もまた無事みんなで飲めることがうれしいのである。競馬新聞を片手に真剣に中継を見る客たちと比べれば、まったくもって軟弱。これでいいのだ。
レースが終わり、またみんなでぐいぐいとホッピーを飲む。そのまま近くの立ち飲み『丸源新店』に移動。ここがまたシブい。つまみ一番人気は「鯨ベーコン」。おっちゃんたちの天国だ。『丸源』にもテレビがあり、テーブルの上の競馬新聞や外れ馬券にレースの余韻が残っている。ここでは、にごり酒を一杯と瓶ビール。とり皮ポンズ、イワシフライもおいしいぞ。

昨年は、青森出身の山ちゃんと相席になった。酒焼けの童顔をにこにこさせながら呑んでいる姿が、失礼ながらかわいらしい。

「正月だけど、帰らねがった。もう何年も帰ってねえなあ」

お国なまりが残る口調で、しみじみと話していた山ちゃん。ジャンパーの両ポケットには、「うちさ帰って呑むんだ」と、ワンカップを忍ばせていた。今年は会えなかったなあ、山ちゃん、元気だろうか。

馬券売場周りの酒場には、一種独特の空気がある。そこには「呑む」ことに加えて、「打つ」興奮が加わるからだろうか。そこにすっぽりと染まりはしないけれど、年に一度その「空気」におじゃましたくなるのである。

【丸源新店】
■東京都江東区江東橋3-12-1 ☎03-3632-4996 ■11時～15時、17時～22時、土・日11時～20時 ■席：立ち飲み ■**つまみ**：ポテトサラダ250円、串カツ2本350円、チーズハムカツ320円、イカ下足天ぷら300円、穴子煮400円、鰯フライ400円、ぶり刺400円、鯨ベーコン400円 ■**酒**：日本酒（笹正宗）350円、にごり酒350円、生ビール中500円、ワイン（グラス）350円、焼酎（グラス）300円、チューハイ300円、ホッピーセット400円
■錦糸町駅近くの立ち飲み。串カツやフライ物から刺身まで、つまみが豊富。ランチタイムは立ち食いそば、うどんの店になる。

※「小松」は店の希望によりデータ非掲載

●澤乃井園―沢井―

渓流のほとりで呑めるのんべぇの楽園

酒場ではなく「準酒場」と言ったらいいのか、しかし、酒場以上にそこで呑みたくなる場所がある。東京都青梅市にある『澤乃井園』だ。

『澤乃井園』は、青梅の地酒『澤乃井』の蔵元小澤酒造の敷地内にある庭園だ。多摩川沿いの自然の木々を利用し、あずまややテーブルを置いている。ここで豆腐やおでん、わさび漬などをつまみに澤乃井が呑めるのだ。

一度訪れて、すっかりくせになってしまった。多摩の森に包まれ、川のせせらぎを聞きながら一杯やれば、たいていのいやなことは忘れてしまう。いや、ほんと、行く度にそう思う。

園内の売店で『澤乃井』生原酒秤売りを買って飲むのもいいし、売店のすぐ隣にある「利き酒処」ものぞいてみたい。15種ほどの銘柄を試飲することができ、純米大吟醸など500円のものもあるが、ほとんどがお猪口1杯200円と格安だ。最初の1杯にお猪口代が含まれているので、2杯目以降のお代わりはさらに100円引き。

「これ、外で呑んでもいいんでしょうか?」

あるとき、建物内の席が混んでいたので、おそるおそる店の方に聞いてみた。すると、あっさり「いいですよ~」。だったら気持ちのよい外の席で呑みたい。それまで利き酒は、建物内で呑まねばならないのかと思い込んでいたのだが、即外へ。

あずまやの席を確保できれば、幸運だ。

「あ、これおいしい、わたしも次それ行こう」

「これ、ちょっと合わないかな」

友人たちと、呑んでみたい銘柄を思い思いに選び、呑み比べながらわいわい言い合う。

時々渓谷に降りて、清流に足や手を浸したり。天気

がよければ、渓流沿いの遊歩道を散歩するのもいい。ただし呑んでからはキケンなので、呑む前に、ですよ。最寄りの沢井駅と隣の御嶽駅は2㎞くらいの距離。御嶽駅に降りて、渓流沿いを散歩しつつ澤乃井園を目指す、というのも楽しい。ここも、東京なのである。

できればもっと多くの日本酒の蔵が、こんなふうに蔵に来たからこそ楽しく呑める場を作ってくれればいいのにと思う。

酔っ払いのわがままを書かせていただくと、澤乃井園近くに温泉や日帰り銭湯があれば、さらにいいなあと思う。遊歩道や周辺を軽く汗をかくくらい散歩し、ひとつ風呂浴びて澤乃井園で呑む。どなたか、ひとつ作ってみてはどうでしょう? ああ、すみません、今のままで十分に幸せだというのに、贅沢なのですが。

【澤乃井園】

■東京都青梅市沢井2-770 ☎0428-78-8210 ■きき酒処10時半～16時半、軽食11時～16時 月曜休(祝日の場合火曜) ■**席**:きき酒処テーブル席、屋外のあづまやなど含めて約200席 ■**つまみ**:おでん550円、もつ煮450円、しそ味噌豆腐400円、味噌こんにゃく300円、板わさ300円 ■**酒**:日本酒(澤乃井各種)きき酒処1杯200円～500円(お代わり100円引き、次回お猪口持参すると100円引き)、ボトル売りもあり、地ビールもあり

■小澤酒造の酒蔵に併設、利き酒や軽食などが楽しめる。天気がよければ屋外がおすすめ。酒蔵見学(要予約)もぜひ。敷地内に直営の和食店『ままごと屋』『豆らく』もあり。

●「酒とつまみ」と立川呑み

谷中生姜でホッピーぐるぐる、ダジャレと「酒つま」な夜

―立川―

「酒とつまみ」という雑誌があった。いや、今もあるのだが、長い間休刊中で久しく新刊にお目にかかっていない。

「酒とつまみ」というタイトルながら、酒のうんちくを語るのでも、どこの何がおいしいと店を評価するのでもない。中央線の駅すべてに下車してホッピーのある居酒屋で飲む、飲み残してしまっても翌日うまいビールの銘柄はどれかを探る、居酒屋で飲んでいる客たちの会話を再現する「酒場盗み聞き」、そのほか呑兵衛の失敗談てんこもり、おやじだじゃれの数々……いや、もう、どうでもいい、超非実用的な「酒つま」話がてんこもり。ばかば

かしくもおもしろかった。

「酒とつまみ」と私には、すこしご縁がある。

私が編集プロダクションを辞めてフリーのライターになった頃、同業の友人から編集事務所を紹介された。今でいうシェアオフィスに近かったろうか。10畳ほどの広さの事務所を、フリーのライターやデザイナーが経費を負担して仕事場を共有していた。雑誌の特集などを丸ごと受けてきて一緒に仕事をすることもあるが、基本的にそれぞれがフリーで別の仕事をしていた。私もその一人として加えさせてもらうことになったのだ。

「酒とつまみ」編集長のなべちゃん（左）とさいとーさん

浅草橋にあった、この仕事場の「のんべえ度」がすごかった。締め切りが明日だろうが、すでに過ぎていようが、夕方4時にもなると缶ビールが回ってくる。たいてい、そのスタートをかけるのがカメラマンのさいとーさんだ。仕事仲間のさいとーさんは所属しているわけではないのだが、ほぼ毎日夕方になると缶ビールを持参して遊びに来る。

「はい、ほんごー！」と出されれば……まあ、ねえ、そりゃあ飲まねばなりますまい。思えばここが、私の「のんべえ人生」の本格的なスタート地点だったかもしれない。おおげさですね、はい。

缶ビールを1本か2本空けて日も暮れてくる頃、よほど急ぎの仕事がなければ、みんなで浅草橋の街に出る。一番よく行ったのは、むちゃくちゃ安い『やまと』という居酒屋だった。毎晩のように、よ～く飲んだ。ある日などは、何かうれしいことがあったのだったか、むやみに乾杯を繰り返すうち、ジョッキが割れて……手に残ったのは取っ手だけ。これ実話です、店の方々すみません。そのせいではないと思うけれど、居酒屋『やまと』はその後なくなってしまった。

1年ほど机を置かせてもらい、仕事も軌道に乗った頃私は事務所を離れた。その後新たなメンバーが加わり、その事務所を母体として創刊したのが「酒とつまみ」である。

手元にある最新の14号を見れば、なんと2011年夏秋号とある。7年もの長い休刊ってあるのか、もう出ないのではないのか。我々読者は気をもんでいるのだが、しかし現編集長渡邉和彦氏が「いやいや出ます、ただいま休刊中です」というのだから、我々は待つのである。ひたすら飲みながら待つのだ。

時々、ちょっとあの「酒つま」の世界が恋しくなると、バックナンバーを取り出しては読み返す。そしてたまに渡邉氏（以後なべちゃん）とさいとーさんと飲んでは馬鹿話をする。この3人で飲むたび、記憶が半分もないからオソロシイ。

「立川にいい呑み屋がある」となべちゃんが言うので、この日は立川集合となった。その店が開く、16時半と同時に呑みスタートである。すでに、コの字カウンターは地元のおっちゃんたちでほぼ埋まっている。新参者はテーブルで、まずは瓶ビールをいただこう。店のおねえさんが、グラスとともにビールを持ってきた。

さいとーさん「ありがとう！オリゴ糖！」

おねえさん「あ、すみません、おしぼりすぐ持ってきますね」

さいとーさん「いいよ、いいよ。松本いーよ（伊代）！」

ほんごー「……（いきなりだじゃれ連発かい）」

頼んだ「魚肉ソーセージの天ぷら」がやってきた。安く、保存がきき、ヘルシー、そしてつまみ力あり。酒飲みの強い味方、魚肉ソーセージだ。我々は愛を込めて「ギョニソ」と呼ぶ。

さいとーさん「ギョニソ天！　いいねえ」

ほんごー「見てください、モロキュウが380円するのに、ギョニソ天はこんなに量があって190円！ギョニソえらい（泣）」

がぶりとかじれば、ああ、この安定のおいしさよ。

ほんごー「そういえば、『酒つま』で魚肉ソーセージ企画もやってたね」

なべちゃん「『思いつき研究レポート』シリーズです」

たしか、メーカーごとに長さ、重さや……折り曲げたりしていたんではなかったか。

なべちゃん「『折り曲げ耐久度』ですね」

すばらしきギョニソ天！

後日バックナンバーを確認すると、第5号で「魚肉ソーセージ・勝手に大研究」を掲載していた。ちなみに、そこにはギョニソを何回まで折れずに振ることができるかという「フリフリ耐久度」も……。

さいとーさんは丸腰倫太郎というペンネームで「フィリピンパブの歩き方」を連載していた。何を隠そう、三度の飯よりフィリピンパブが好きというお方なのである。

さいとーさん「一度、『酒つま』イベントってことで、下北沢で『フィリピンパブ講座』を企画したのよ」

なべちゃん「そうそう、会場を貸してくれるという人がいて」

ほんごーさん「……あの、すみません、フィリピンパブに行くのにそもそも講座が必要なんですか？」

さいとーさん「そうだよねえ。だから、観客2人しかいなかったよ」

なべちゃん「その2人も近くで呑んでいた客を

無理矢理引き留めたんっすよ」
ほんごー「……はあ」
ああ、これである。ばかばかしき「酒つま」の世界。
ホッピーに突入してナカを3杯ほどお代わりする頃、記憶はだいぶまだらになってきた。だいたい、この方たちのホッピーの飲み方はすごい。1ホッピーに対して、4，5杯はナカをお代わりする。ホッピーはちょっと色がつけばいいようなのである。ついついこちらもつられて焼酎の濃いホッピーを飲んでしまう。
さいとー「あ、谷中生姜来た、夏だね、いいねえ」
ほんごー「谷中生姜でホッピー混ぜたら、生姜風味がついておいしいかも」
なべちゃん「生姜がマドラーですな」
あほである。ホッピーを谷中生姜でぐるぐる回す、3人ののんべえたち。私の脳内もどんどん「酒つま」ウィルスに浸食され、また今日も記憶を失うのである。

■「酒とつまみ」ホームページ saketsuma.com

銭湯のち一杯

お風呂に入ってから呑むビールは、10倍うまい！（当人比）

家呑みのときはもちろん入るし、外で呑むときも、自宅仕事のときはなるべくひとっ風呂浴びてから出かけるようにしていた。

そしてある日、家風呂では飽き足らず、「銭湯のち一杯」の楽しさに気づいてしまったのである。

我が家から徒歩10分くらいのところに、『武蔵小山温泉　清水湯』がある。ここ、460円の東京都公衆浴場料金ながら、正真正銘の天然温泉。銭湯に通う人が激減するなか、起死回生をはかった3代目が掘り当てたのだとか。私が通い始めた頃は、まだ昔ながらの銭湯だったが、建て替え後はモダンな和風建築となった。いまや、たいへんな人気銭湯となっており、外国人客も珍しくない。

泉質は、東京の温泉に多い黒湯。ほんとうに滑らかな湯で、上がってからもずっとぽかぽか。ふっふっふ、肌にもよさそうである。

ある銭湯のおかみさんが言っていた。

「風呂上がりに機嫌が悪い人はめったにいないでしょう？　気分よくあがってくるお客さんの笑顔があるから、続けられるんです」

ほんとうに心からそう思う。ちょっとイヤなことがあっても、湯船に浸かれば「ま、いいか」という気分になる。上がってから一杯呑めば、なおさらだ。『清水湯』に通ううち、次第に近くの呑み屋街に吸い込まれるようになった。

最近は、やはり近所の『松の湯』に行くことが多い。唐破風づくりの堂々たる構え、天井絵、そしてペンキ絵師中島さんが描いた富士山。女風呂は珍しい「赤富士」である。湯船に浸かると、おおらかな気分になる。掃除も行き届いており、いつも清潔だ。

いつしか、近所だけではなくどこかの店で呑むことになると、近くに銭湯を探すようになった。全盛期から比べて激減したとはいえ、いまだ都内には500以上もの銭湯がある。探せば、呑む予定の店近くにはたいてい銭湯があった。

その街の銭湯に浸かってから呑む——。こんなお気楽な企画を「おとなの週末」に出したところ、なんと通していただいた。

しかもありがたいことに連載は2年も続き、都内のさまざまな街で「銭湯のち一杯」を実現したのである。正直に言えば、連載上では銭湯と呑み屋がけっこう離れていたこともあるが、理想は徒歩5分以内くらい。湯上がりの「ほかほか」がまだ十分残っているうちに、冷えたビールを「くいっ」といくのがいいんです。

数々回ったなかで、満足度の高かったコースは御徒町。『燕湯』は、昔ながらの和風建築に、富士山の溶岩を使った岩風呂が情緒たっぷり。「富士山の溶岩!?」と驚かれるでしょうが、建築した昭和25年当時は許されていたそうだ。朝6時から営業しているから、「朝風呂のち一杯」もできてしまう。ここの風呂がまた熱い。きゅっと熱風呂で温まって、すばやく御徒町ガード下の『佐原屋本店』(P.23)にすべり込む。立ち飲みの気分なら『味の笛』(P.54)へ。生ビールをくい〜っと。こんな幸せが、呑み代+460円で味わえるのだ。

そのほか、神楽坂の『熱海湯』に浸かって、近くの『竹子』で一杯。人気店『蓊楽亭』を予約しておき、しっぽり行くのもいいですねえ。

『戸越銀座温泉』は戸越銀座商店街の中にある。銭湯のすぐ近くにある小さ立ち飲みバルはとってもおいしくて雰囲気もいい。もちろん、商店街を歩き、焼き鳥、コロッケ、小籠包などを食べ歩き&飲みしても最高に楽しい。

これ、けっして自由業の特権ではない。会社勤めであっても、約束の時刻の30分前に着けば銭湯に浸かれないだろうか。タオル、シャンプーなどがセットになった「手ぶらセット」も売っているし、シャンプー、ボディシャンプー備え付けの銭湯も増えている。会社帰りの方などに、手ぶらで、もっと気楽に銭湯に入ってほしいという狙いなのだとか。

女性に銭湯の話をすると、「でも化粧が……」という反応が多い。けれど、湯上がりは血行がよくなって3割方美人に見える(はず)。簡単な化粧でよいではないですか!

460円の幸せ、たくさんの人にぜひ味わってほしい。

銭湯酒場

●『銭湯酒場』は架空の酒場です。こんな店があったらいいなぁという願望を書いてみました。

『松の湯』の湯船は3つある。熱さはさほど変わらないのだが、普通の四角い湯船、丸い湯船、ジェットバス付きの深い湯船の3種類だ。富士山のペンキ絵を眺めながら、まずは四角、丸、深い湯船と順番に浸かるのがわたしのお決まりだ。湯船によって、富士山が見える角度が違う。最後に、その日の気分でいずれかの湯船からもう一度富士山を眺め、しっかりと拝む。

身体はぽかぽかと温まったうえに富士山を拝むと気分よく、明日もいいことがありそうな気がするのだから単純なのだ。

番台に座るおかみさんに「おやすみなさい」を言う。

「うふふ、どうせまだおやすみなんてしないでしょ」とおかみさんが笑う。

「えへへ、ばれてますよね」

番台を背に右手を向くと、銭湯の建物とつながる『銭湯酒場』ののれんが下がる。

「いらっしゃいませ」

ご主人のタローさんが、元気過ぎず、しかししっかりと通る低音の声で迎えてくれた。そこはカウンター6席とテーブル1卓だけのこぢんまりとした酒場だ。

去年の秋に、これまでコインランドリーだったこのスペースを半分改装し、『銭湯酒場』は生まれた。新しい店だけれど、使い込まれていい艶を出している一枚板のカウンターと座り心地のよい椅子。どこか別の場所で営んでいた酒場をここに移したらしい。タローさんがどういう縁で、ここに店を移すことになったのかはわからないが、料理の腕がたしかなのは間違いない。そして、大好きな銭湯と同じ建物にいい酒場があるという、このうえない幸せがわたしにやって来たことも間違いない。

品数は決して多くはない。旬の魚を使った料理が5、6品。厚揚げ、ポテトサラダ、いか下足焼き、厚焼き卵など定番が7、8品。それに旬の野菜をおひたしや天ぷらにしてくれるから、週2、3回来ても飽きることはない。

この日の魚のメインはいわし。いわし刺し、天ぷら、つみれ汁、なめろう……。

「今日のいわしはむちゃくちゃいいよぉ」

タローさんがまたもいい声で勧めてくれる。40歳くらいだろうか、いつも青いシャツにきっちりと白の前掛けをし、髪はいつもすっきり刈られている。静かに呑んでいいるとほうっておいてくれるが、「根尾くんは活躍するかなあ」なんて野球の話をふると、熱く語ってくれる。東北生まれで楽天ファンになったが、その前は巨人ファン。今は楽天だけでなく広く野球を愛する、「野球博愛主義」なのだと語る。野球好きの私にとって理想のご主人である。

先客はたしかサトウさんという、温厚そうな60代くらいのおじさんだ。スポーツ新聞を読みながら、ポテトサラダをつまみに、静かにお湯割りを呑んでいる。

私は、厚揚げをつまみに、まずはサッポロラガーの中瓶を1本。これを空けて、冬ならお燗、夏は冷や、たまにホッピーに浮気するというのがだいたいの流れである。今日はいわし刺しとつみれ汁を頼んだので、もちろん日本酒へと向かう。

酒の銘柄はいつも4、5種類あり、1升呑みきると新しい一升を口開けする。ご主人と好みが合うのか、会津の「天明」、埼玉の「神亀」など好きな銘柄を入れてくれるので、決して多い品揃えではないが不満はまったくない。今日は「神亀」をお燗でいただく。ああ、しっかりとした味わいがいわしに合うなあ。

身体から湯気を出しそうな真っ赤な顔をして、ひとりの客が入って来た。時々顔を見かけるおばあちゃんだ。わたしの椅子から一つ空けて座り、話し始めた。

「今年は寒いわよねえ。あんまり寒いから、家の風呂にひとりで入るのがこわくって。二世帯住宅でね、息子夫婦が二階にいるんだけど、もし何かあっても気づいてもらえないじゃない？」

「ああ、そうですよね」とうなずく。

銭湯だったら、誰かしら人がいるし、万が一倒れるようなことがあってもすぐに見つけてもらえる。なるほどなあと思う。銭湯に来てお年寄りの話を聞くと、日頃気づかないことを知ることができる。

「まだまだお元気そうじゃないですか」とサトウさんが口を挟んだ。

「そお？　元気でもこればっかりはわからないからね。あ、わたしも熱燗ちょうだい」

サトウさんのひとこともよかったのか、おばあちゃんは急ににこやかになり、湯豆腐などをつまみに、熱燗を2合ほどすいすい空けて帰っていった。しばらくはだいじょうぶそうだ。

『銭湯酒場』は道路に面したところにも入り口があり、もちろん銭湯に入らない人も呑みに来る。しかし、「断然風呂上がりの客が多いね。銭湯の客も前よりけっこう増えたって、おかみさんが言ってたよ」とタローさんは言う。

「最初は呑みにだけ来た人も、『次は銭湯入ってから来ようかなあ』なんて言って、入るようになったりね」

そりゃそうだ。だって、湯上がりのビールは最高だもの。大きな湯船に浸かると、たいていの愚痴やもやもやは消えていく。富士山を眺めて、ここで一杯。近くにある、日常の、ささやかだけれどかなりの幸せだ。

お勘定を済ませ、通りに出て、唐破風の堂々たる木造家屋を拝む。この昔ながらの建物を見ていると、気持ちが清々する。その奥の番台におかみさんの顔が見えた。目礼すると、「にこっ」とおかみさんが笑う。

「今日もいい一杯だったでしょ」。目がそう言っている気がした。はい、ありがとう。いつまでもよろしくお願いします。こちらも目で笑って、伝えてみた。

さあ、風呂と酒で温まった身体が冷えないうちに帰ろうっと。

標高2000mの「酒場」涸沢ヒュッテ

「涸沢《からさわ》に行こう」と、山好きの友だちが言い出した。

むちゃくちゃ忙しい時期だから、断るはずだった。

「今週末なら絶対紅葉が一番いいはず。ものすごくきれいだから、行こうよ」

しかし、さらにかぶせてきた言葉にとりつかれてしまった。

「初心者でもだいじょうぶ」という後押しもあり、秋の涸沢登山を決行することに。

涸沢とは山の名ではなく、正式名称「涸沢カール」。カールを調べると、「氷河圏谷」と訳されており、ざっくり言うと氷河で削られてできた谷のことだという。

上高地からしばらくは平坦な道を進む。白樺の林の中を歩くのは気持ちよく、まだまだ元気であった。ところが次第に道は険しくなり、急な坂道に。それだけならいいのだが、石がごろごろと転がっている。しかも「落石注意」の看板が！　どう注意するんだ、上を見ながら歩けというのか⁉　「何が『初心者でもだいじょうぶ』だ〜」。前を歩く友人を少しだけうらめしく眺めた。上高地を出発して5時間以上、足ががくがく言い出した頃、「あそこが涸沢だよ」と言う声。遠くに、赤や黄に彩られた谷が見えてきた。それは、雄大ながらも繊細な美しさに息を飲んだ。さらに歩くこと1時間ほど、夕方4時すぎ、涸沢ヒュッテに着いたときは疲労困憊、へとへとだった。高地の山小屋だから、風呂もない。個室もない。けれど、見事な紅葉があった。そして酒もある！　山小屋にリュックを置き、売店に向かって仰天した。

カールにせり出して作られた桟敷のような席で、たくさんの登山客がビールや酒を呑んでいる。完全オープンエア。暮れゆく空の下、遠いアルプスの山々を眺めつつ呑む登山客の眼下には、紅葉が広がっている。

「ここ、山の居酒屋だね」

桟敷席に座り、くいっとビールを呑み干せば、愚痴も疲れも忘れる。次第に日が暮れ、山々が赤く染まっていく。よく登って来られたなあ。空気が冷えてきたころ、ビールから地酒のカップ酒へ。つまみは、おでんだ。標高2000mからアルプスの山々を眺めながら呑む、こんな贅沢なカップ酒はない。あの道のりを歩ききった人だけがたどり着ける、絶景の酒場なのだ。「あんなしんどい思いはもう……」と思っていたのに、またいつか来たいと思い始めている。

4

東京近郊・日帰り呑み7軒

～鎌倉・大船・辻堂～

●味の食堂あさくさ、秀吉

古都鎌倉をそぞろ歩き、月に一度ははしご酒

1カ月に一度は、「いざ鎌倉」がしたくなる。

いや、戦うわけでも、古刹巡りでもなく……はい、「呑み」に参上するのです。

鎌倉駅に着くと、まずはある酒屋を目指す。駅から歩いて10分ほど、長くこの街で営んでいることがわかる実直な印象の酒屋さんである。

素朴な紺色の日よけはごくありふれているけれど、その下に並ぶ物たちはまったくありふれていない。全国のいいお酒だけでなく、紹興酒や焼酎の秤売りがあり、みりん、酢、珍しいソースなど極上の調味料や魅惑的な珍味が並ぶ。買い物もしたいけれど、それはあとまわし。ひょいっと店の正面を横に回ると——1間ほどの間口に暖簾が下がっている。店の裏口ならぬ、横口と言ったほうがいいか。

この日は5月。天気のよい土曜日、いっぱいだろうかとおそるおそる暖簾をくぐると、ちょうど2人組の先客が帰るところだった。短いカウンターに、ワイン樽が一つテーブル代わりに

置いてあるだけ、4人入ればほぼいっぱいだ。酒屋の片隅で酒が呑めて、簡単なつまみもある、いわゆる「角打ち」である。

「いらっしゃいませ」と上品なおかみさんが顔をのぞかせる。カウンターの内側と売り場が続きになっており、ご主人やおかみさんは、行ったり来たりしてわれわれ呑み客の面倒を見てくれるという次第。

まずはエーデルピルスの樽生をお願いする。ほかにも、ここのビールの品揃えはすごいのだった。大手のビールはもちろん、湘南ビールなどのクラフトビールが20種はある。

ひとまず、最初の一杯をぐびっ。はあ～。カウンターに立つと店内の一部が見える。つかの間、私はこの酒屋ののんべえの娘で、店が終わって一杯やっているという妄想に浸る。この「まかない感」「こそっと感」が楽しい。

ご近所の方らしい殿方が入って来た。

「ハートランド小瓶ね」

あ、ハートランドもよかったな――。心の声のはずが、思わず口に出していたらしい。ちらりと私のグラスを見て、「生ビールもいいでしょう」と、笑ってくださる。あれ、恥ずかしい。

日本酒は、黒板にチョークで魅力的な10種類ほどが書かれている。どれも呑みたくなるが、まずは「一酒入魂」である。「残草蓬莱」のうすにごりを注文。これ、ほどよいにごり感、米や麹の風味がすごく好みである。

つまみは、主に、駄菓子屋的に並んでいる袋入りの乾き物や珍味だ。気に入っているのが、「鮭皮チップ」。鮭の皮をフリーズドライし、皮がほんとうに軽くぱりぱりといける。これ、お腹にたまらず、日本酒に合うわ、合うわ。気に入っているのだが、この店以外では見かけたことがない。

乾き物のほかに、壁に手書きのペン字で「ぬか漬200円　かぶ　きゅうり」とある。うわ～、酒屋のぬか漬、絶対においしいだろう。注文したきゅうりを一切れ。これがもう日本酒と溶け合う、ふくよかな味わいだ。糠も日本酒も基本は米ですものね。

「おいしいですねえ」と、女将さんにしみじみと伝えた。

「あら、よかった。私が嫁に来たときに実家から持ってきたぬか床なんですよ。嫁いだ娘にも持たせたんだけど、空気が違うのかしら。だめになっちゃうのね。手入れもしないといけないいんですよね」

おかみさんが嫁いだときから、いや、その前から実家にあったのだから、おそらく50年以上は守り続けてきたのだろう。その歴史ごといただいている気持ちになる。

お隣さんの殿方も、次は日本酒らしい。テーブルになみなみと注がれたコップが置かれた。

「ちょっと失礼」

小さな声で言ってから、グラスに口を「お迎え」にいく。その一言としぐさがなんとも粋だ。

普段は、あまり品がよくないなあと思う「お迎え」のしぐさも、一言付ければまったく違ってくる。次第に、一人また一人と客が増えてくる。ほとんどが近所のおなじみさんらしく、「あれ、今日は早いね」なんて挨拶を交わしている。

「さとうさん、魚に詳しいわよね。あれ、すごく大きい鰯、なんて名前だった？」

ぬか漬けでお酒を呑む幸せ

「ああ、大羽鰯でしょう」

おかみさんと客との会話や客同士の会話は楽しく、そして、みんな場所をゆずりあって呑む光景がほほえましい。

「大瓶なんだから台がほしいでしょう。僕、グラスだからだいじょうぶ」

日本酒の方が、テーブルを離れ、大瓶のビールを頼んだ客が恐縮しながらもテーブルに置いて呑み始める。さらにぎゅうぎゅうになり、何人かは外の駐車場で呑み始めた。晴れた5月の夕方の外呑み。気持ちいいですよねえ。私も近所に住んだら週に1回、いや2，3回は来るなあ。少し未練を残して、店を出る。

「今度は外で呑みましょう」と先ほどのお隣さんが、声をかけてくれる。はい、ぜひとも！


『味の食堂あさくさ』


久々の「鎌倉呑み」である。もちろん、1軒では終わらない。お腹も空いてきたところで、めざすは鎌倉駅前の『味の食堂あさくさ』。ここ「食堂」だが、鎌倉在住の友人に教えてもらい、超お気に入り「酒場」として（勝手に）位置づけている。

ねらうは「ちょい呑みセット」。生ビールなどのドリンクにつまみ2品が選べて880円、

また は950円という安さ。2品は、日替りの鎌倉野菜の煮物、マリネ、魚料理、肉料理などから選べる。しかし、その一品一品、一切手抜きや「ついで感」なし。どれを食べても丁寧に作られているのがわかる。

もしあったらラッキーなのが、「アジフライ」。

友人と私は、一度だけ遭遇したことがある。そのとき、私たちはいろんなものが食べたくて、1尾のアジフライを2人で分けることにした。すると、ご主人、「1人1尾にしたら？　もっと食べたくなると思うよ」とニヤリ。いやいや、でも唐揚げも魅惑的だし、生シラスもあるし、と……そのまま1尾で注文。

そして。このアジフライが、ほんとにほんとにうまかった。ふっくらと揚がった衣にかぶりつくと、ふわっとしたアジの身が口の中でほろほろと。こ、こんなアジフライが！　友だちと目配せした我々は、すかさずこう言った。

「あのお、アジフライ、もう1つ！」

「でしょ〜？」と笑うご主人。はい、あの「ニヤリ」を重視すべきでした。

もちろんアジフライがなくても、いいつまみがてんこ盛りだ。今回は餃子にさば塩、それに具だくさん冷や奴で一杯。隣の席に、ご近所さんらしき殿方ひとり客が座った。

「毎度！　今日は何にしますか？」

どうやら、このご近所さん、私たちと同じく「ちょい呑みセット」が大前提らしい。ああ、いいですねえ。通い続けて、いつか私もご主人に「毎度！」と言われてみたいものである。


『やきとり秀吉』

『あさくさ』を出て、大通りのはす向かいにあるのが鎌倉市農協連即売所。通称「レンバイ」だ。昭和3年から続くという、鎌倉野菜の直売所である。「レンバイ」のある辺りは、観光客でにぎわう小町通りや駅近辺と違い、「地元感」が漂っている。「レンバイ」の建物も、築何十年であろう木造建築。ここで野菜や果物を買い、隣り合うパン屋さんや雑貨屋さんをのぞいたり。鎌倉は観光客も多いけれど、こんなふうにちゃんと「日常」があるところが好きなのかもしれない。そして、なんといっても味のある、いい酒場が多い。

レンバイの並びにあるのが、『やきとり 秀吉』だ。屋台のような作りに、「や」「き」「と」「り」と、一文字ずつの赤提灯。店先には、無造作に木のテーブルと椅子が並べられている。先客がいなければ、「こ、ここで呑んでいいんですよね?」と聴きたくなる素っ気なさだ。店内の席もあるが、天気がよければ断然外が気持ちいい。ちらり、ちらりと向けられる人々の視線も、次第に心地よくなるのが外呑みののんべえである。

まずはぷはーっとビールを一杯。ここで慌てず、じっくりメニューを見る。焼き鳥以外に、イベリコ豚、フォアグラ串、合鴨ロースまである。「屋台風雰囲気重視型」というイメージを、ばっさりと裏切る本格かつ充実ぶりなのだ。うーん、謎である。

謎はもう一つある。なぜ鎌倉で「秀吉」なのだ⁉

それはともかく、焼き鳥がうまい。鶏皮の焼き加減と言ったら、もう、なかのとろりとした部分を残しつつ、外はカリッ。酒たちも、生ビール、ギネスビールやハーフ&ハーフ、ワインや焼酎が揃う充実ぶり。さくっと呑んで帰るつもりが、気づけばいつも延々と……昼呑みが夕呑みへ、鎌倉の夜はとっぷりと暮れていくのである。

【あさくさ食堂】

■神奈川県鎌倉市小町1-4-13　☎0467-22-0660　■6時〜20時（L・O）　火曜休　**■席**：テーブル席のみ42席　**■つまみ**：ちょい呑みセットは酒の種類によって880円または950円。魚料理、煮物など10種から2品を選べる。そのほか野菜たっぷり餃子500円　**■酒**：日本酒鎌倉武士1合620円、澤乃井1合620円など、生ビール中ジョッキ570円、焼酎グラス520円、ワイン300円

■鎌倉駅近くの食堂だが、一杯呑む客が多数。しらすやアジフライなどは、海の近くの食堂ならではのうまさ。ちょい呑みセットはお得でつまみもいいので、ぜひ。

【秀吉】

■神奈川県鎌倉市小町1-13-10　☎0467-24-1616　■16時〜21時半（土・日曜17時〜21時半）　火曜休　**■席**：外約10席、店内カウンター7席　**■つまみ**：ねぎ間160円、はつ串160円、砂肝串180円、秀吉玉子180円、みそはんぺん200円、鳥っぱ730円、合鴨ロース850円　**■酒**：日本酒景虎1合600円、八海山1合690円など、生ビール600円、ギネスビール600円、ハーフ&ハーフ600円、焼酎グラス530円〜、赤ワイングラス500円

■鎌倉駅近く、屋台のような焼き鳥屋。持ち帰りもあるが、店内と数席ある外のテーブルと椅子で呑める（外呑みの場合、価格は割安に）。店内メニューは意外な充実度！

●観音食堂、鞠屋、おでんセンター

観音様が見守る大船の個性派酒場たち

大船は不思議な街だ。電車が大船駅に近づいてくると、山の中から「ぬーっ」と（ご無礼すみません）現われる観音様。初めて大船を通ったとき見た観音様は、大変インパクトがあった。そんな「観音様」の街と、商店街が元気な庶民の街というイメージが共存する。横浜市と鎌倉市の境界であり、山もあり海にも近く、また鎌倉・逗子方面と湘南方面への鉄道の分岐点だ。いろんな要素がいい感じでミックスされ、過ごしやすい街になっているように思う。

だからだろうか、なんといっても物価が安い！ 「大船市場」では帰り道を考えず野菜をついつい買いすぎてしまうし、「サバ、サバ、いいサバが安いよ！」なんて声をかけられると、「ああ近所に住んでいたら」と悔しくなる。安くて美味しそうな惣菜屋の煮物や揚げ物も、その場で食べたくなるじゃないかっ。

暮らしたくなる街ということは、もちろん呑むにも最高いい街である。

アジフライでビール、ビール!

『**観音食堂**』は魚屋さん直営の人気店だ。看板に黒の明朝体で「かんのん　活魚料理」とあるのがシブく、うきうきしてくる。ある日、7人という大人数でお座敷宴会。これだけいたらいろいろ食べられますよ。まずは日替りの刺身5点盛り1500円を2つ。アジフライは「1人1枚で!」とみんなが口を揃える。うんうん、かぶりつきたいものね。このアジフライ、脂の乗り方が半端ない。たまらずビール、ビール。

ほかにも、西京漬けや粕漬けの焼き魚、「しったか」「ながらみ」なんて海辺っぽい煮貝があるのもうれしいんだなあ。あ、「とこぶし」も食べたい。ビールのあとは、もちろん日本酒へ。神奈川の地酒「天青」の「小」をお願いする。

「天青の方!」と、一升瓶を持ったおねえさん。「はいっ」と手を挙げると、狭いスペースを通って私がいるテーブルの奥に来てくれた。

「失礼します、目の前で注がないといけないので」とにっこり。小皿を敷いたグラスに、目の前でおねえさんがとくとくと注いでくれる。かなりの表面張力！　「もっきり」だ～。なるほど、これは目の前で注いでもらわないと。グラスが動かせないもんね。おねえさん、かっこいい。「大」を頼んだ友だちのところにはグラスと小皿の間に「枡」が加わる。ああ、さらに美味しそうに見える。次は絶対「大」にしようと誓ったのだった。

『鞠屋《まりや》』は、友だちに教えてもらって以来、大船に来るたびに寄ってしまう店。女の人2人が切り盛りする、10人ちょっとでいっぱいになりそうな立ち飲みだ。この店のすごさは、料理が安くて美味しいうえに、「ヘルシーメニュー」を掲げていることだ。

壁に「野菜は多め　塩分ひかえめ　脂肪ひかえめ」、「『健康』をテーマにしてご提供させていただきます」と貼ってある。私はこんな立ち飲みに初めて出会った。ある日「抹茶ハイ」を頼んだら、なんと抹茶を茶筅で点てるところから始めた！　オドロイタ。フレッシュな抹茶で割っているから、これがまたうまい。

もちろん人気店で、いつもご近所さんらしき客たちでにぎわっている。女の人だけで営む店だからか、女のひとり客が多いのもうれしい。初めて訪れたとき「瓶ビールください」と注文

オススメの「小ぼん３品セット」

すると、センパイたちが口々に「冷蔵庫から自分で取ってね」と教えてくれた。瓶ビールは申告後、セルフサービスなのである。ちなみに生ビールは、自分でジョッキを冷蔵庫から出して、カウンターごしにお願いする。

料理は、「野菜多め」とうたう通り、季節の野菜がたっぷりで心惹かれるものばかり。今、ある日のメニューを写真で振り返ってニヤニヤしている。「うな肝ニラもやし炒め　３００円」「牛すじと夏野菜のおろし煮　３９０円」「ゴーヤの唐揚げ２４０円」「アボカドステーキ　２５０円」……。日替りの「小ぼん3品セット　３４０円」というのがかなりお得だ。この日はまぐろの切り落とし、野沢菜、オクラと山芋の和え物。ああ、またすぐ行きたくなるではないか。

昭和の香りのなか、おでんで一杯

『鞠屋』のあと、ぜひ寄りたいのが、すぐお隣の『**おでんセンター**』だ。中の雰囲気は「昭和」そのもの。石原裕次郎、浅丘ルリ子……たくさんの映画のポスターが貼られ、すだれが下がる店内には赤提灯、天井を飾る造花。ところが、なんと開店は2008年だという。たった11年でこの雰囲気を作り上げるとは！　お店の方によれば、バレーボールの益子直美さんなど、有名人もたくさんいらっしゃるという。

この雰囲気で食べるおでんが、またおいしいのだ。その出汁を、焼酎か日本酒で割る「出汁割り」はぜひに。

もし、余力があったら、回転寿司『豊魚』で寿司をつまんで〆るのもいい。せっかく来たからには、とついつい欲張ってしまう大船呑みなのである。また今夜もいい気持ち。

【観音食堂】

■神奈川県鎌倉市大船1−9−8　☎0467−45−1848　■11時半〜20時半、土・日・祝〜20時、水曜休　■席：カウンター、テーブル、座敷約50席　■つまみ：いか塩辛350円、揚げなす450円、あじ南蛮700円、アジフライ700円、あさり酒蒸し800円、刺身各種一人前700円〜、刺身盛り合わせ5種1500円　■酒：日本酒菊正宗1合420円、澤乃井（小）620円など、生ビール中ジョッキ620円、焼酎グラス650円〜、無添加ワイン820円

■魚屋さん直営だけあって、刺身類、煮魚、貝類などが豊富で美味。コスパもよい。カウンター席のほか座敷もあるので一人でもグループでもくつろげる。

【鞠屋《まりや》】

■神奈川県鎌倉市大船1−19−4　玉川センタービル1F　☎0467−45−5300　■11時〜23時、日曜〜21時、無休　■席：立ち飲み10人程度　■つまみ：カツ煮230円、豚バラキムチ280円、もつ煮とうふ280円、小ぼんセ3品セット340円、まぐろ切り落とし380円、〆サバ450円　■酒：日本酒宮正宗240円、獺祭500円など、ビール大瓶400円、生ビール中350円、焼酎グラス200円〜、ワイングラス290円

■21年間、客を見守ってきたオーナーが行き着いた方針は「野菜多め、塩分ひかえめ、脂肪ひかえめ」。ヘルシーメニューにこだわっており、おとなにとってはありがたい酒場だ。

【大船おでんセンター】

■神奈川県鎌倉市大船1−19−4　☎0467−44−2797　■11時〜14時、17時〜23時、日曜14時〜23時　無休

■席：テーブル席40席　■つまみ：おでん・大根、玉子、つみれなど各110円、おでん盛り合わせ700円、からあげ500円、イカの唐揚600円、■酒：日本酒500円、ビール中瓶500円、生ビール380円、ホッピー450円、サワー各種300円

■このすばらしい「昭和」の世界を作り上げたオーナーは、安田一平という名前で作詞作曲した『東京の雨の夜』というCDを出したり、絵本も出版するなど多才な方だ。

●ひげでん姉妹店—辻堂—

赤く染まる富士山を眺めながら一杯——いつかの贅沢

秋から冬にかけて、雲一つない晴れた日。

仕事から逃避し、「ああ、行きたいなあ」と思う店がある。藤沢市辻堂海岸近くにあるおでんの『ひげでん』だ。『ひげでん』は「本店」と「姉妹店」と2店舗あり、私が行くのは『ひげでん姉妹店』。と、ここまで書いて気づいたけれど、店名にわざわざ「姉妹店」とつける……ちょっとかわいい。しかし、店を切り盛りするのは殿方ふたりである。

いつもにこにこと出迎えてくれるご主人と、きびきびと動く若い衆。おでんを頼むと、惜し

父子で切盛りするあたたかい雰囲気

げもなくたっぷりの出汁とともに出してくれる。この澄んだ出汁をすったはんぺん、大根……たまりません。自家製という練り物もおいしい。くわえて、冬になると里芋やカキが加わる。しかし、去年は「いいカキがなくってね」と、ついに登場しなかった。ご主人によれば、「大きさが足りない」のだという。納得がいかなければ、客に出さない潔さ。島根の「王禄」など、お酒の品揃えも好きだ。

先日は、小鉢に入った出汁に日本酒を注いでくいっといってみた。いわゆる、「出汁割り」ですね。これを、いい出汁といい酒でやるのだから、もうたまらない。止まらなくなりそうだが、出汁ばかりいただくのもご主人に申し訳ない。ほどほどにしておこう、と自制する。

春でも夏でも来たいのだが、冬になると特にこの店に来たくなるのは、カキや里芋目当て、だけではない。店の窓から、「ちょうど額縁にはめ込んだ絵のように、富士山が綺麗に見える」と、近くに住む友だちが教えてくれたからだ。空気の澄んだ冬の晴れた日はくっきりと、特に綺麗に見えるという。

『ひげでん姉妹店』の開店は午後4時。夕方、次第に暮れて、赤く染まっていく富士山を眺めてお酒をちびちび——という夢はまだ実現できていない。今日こそはという晴天の日に仕事があると、実にくやしい。自宅から辻堂まではは2時間くらいだろうか。旅というほど遠くもないけれど、ふらっと行くにはちょっと遠い。でもその距離が楽しみでもある。

そういうわけで、冬の晴れた日には出汁割りの味が舌によみがえり、心は辻堂に飛ぶのである。

【ひげでん姉妹店】
■神奈川県藤沢市辻堂東海岸4-2-18 ☎0466-36-3751 ■16時〜22時、木曜休 ■席：カウンター、テーブル席20席 ■つまみ：おでん・大根、玉子、たこなど100〜500円くらい。ジイジのポテトサラダ420円、いか塩辛420円、時季によって刺身、焼き魚、貝焼きなど。■酒：日本酒・王禄750円、田酒800円など。ビール中瓶550円、ハイボール450円、焼酎グラス500円〜
■辻堂海岸近くにあるおでん屋さん。出汁で静かに煮込まれたタネは心に沁みるうまさだ。運がよければ富士山が見える店内と、気取らずあたたかい接客も魅力。

もう飲めない、恋しあの店

私鉄沿線のある駅を降りて、少し昭和っぽく健康的な商店街に出る。並ぶのは日用品店、靴屋、本屋、電器屋……。アーケードがあり、雨の日でも濡れずに済むので、テレビのインタビュアーに突撃される可能性はたいへん高い。その、明るさを絵に描いたような商店街から一歩角を曲がると、多くの買い物客は息を呑む、かもしれない。自動車も通らない路地に、もつ焼き、看板のない居酒屋、中華立ち飲み、スナック、バーやらが、もうこれでもか、というくらいひしめき合っているのだ。2000年頃、近くに引っ越してきた当初は近づけず、私は密かに「暗黒街」と呼んでいた。「暗黒街」ではあるが、のんべえの血が騒ぎ、おそるおそる通ってはいた。通りながらも、「ここなら入れる」という店を探るのが楽しいのだ。

そんな暗黒街がやや変わってきたのは、2010年前後ではないだろうか。「りゅえる」という謎の通り名がつき、ぽつりぽつりと入りやすそうな、気になる店が何軒か現われるようになった。そんな一軒の前を通ると、「天ぷら茶屋　天ぷら1つ

100円から」というカードが置いてある。〈天ぷらは大好きだ。しかし、コースでしっかりよりも、つまみとしてちょこちょこつまんで飲みたい！〉と密かに願っていたのんべえは、けっこういるのではないか。いや、私がそうなのです。

店先を掃除していた店主らしき男の人も感じがよい。数日後に店を訪れてみると、席はカウンターに6つだけ。客は誰もいない。ちょっと引きそうになったが、きりりとした短髪のご主人のにこにこ顔にほっとして席に着いた。

これが「キンアン」との出会いだった。

正直に言うと、そのとき何の天ぷらを食べたのか、おぼえていない。しかし、きちんと自然塩、セロリ塩、大葉塩、カレー塩、4種類の塩と天つゆが出されたのがとてもうれしかったこと、熱々の天ぷらがおいしかったことはおぼえている。しかも、ひとつひとつ「カレー塩がよいかと」「大葉塩で」「天つゆで」と丁寧に勧めてくれるのだ。この塩がまたいい。私は密かに塩をなめなめ、日本酒をちびちびとやっていた。

ひとつだけ、「玉葱」だけはご主人、「生醤油でどうぞ」ときっぱりと言う。

「高校生のときよく通った総菜屋で売っていた玉葱の天ぷらがおいしくて。そこでは必ず生醤油で食べるんですよ」

と、後にご主人ヨコタさんが教えてくれた。

「キンアン」はその後おそるべき進化を遂げていく。天ぷらにとどまらず、ヨコタさんが自転車を漕いで築地に通い、鯵、コハダ、スミイカ、稚鮎や鰹など季節の刺身を出してくれる。さらに、ヨコタさんは寿司まで握るようになったのである。ネタの種類こそたいてい5、6種類くらいだが、赤酢を使った小ぶりなシャリにうまみの深いネタ。どれもしみじみとおいしい。「至」という、とても柔らかい佐渡の酒が魚によく合う。天ぷらと刺身をつまんで、握りで〆るというぜいたくな幸せ、日本に生まれてよかったと思うのである。しかも、そこそこ食べて飲んでも5000円くらいでおさまった。

たちまち「キンアン」は、たいてい満席の人気店になった。カウンターだけ座席6だから、その日の顔ぶれによって店の空気が変わる。早々に失礼したくなるお隣さんもまれにいたけれど、ほぼ落ち着いた客ばかりだったのは、ヨコタさんの仕切りがよかったのと、その人柄だったと思う。常連さんたちも、みんな素敵だった。

『ゴーン・ガール』こわいよ〜。見た方がいいよ」と、おすすめの映画を教えてくれるミゾさん。

「新潟のマラソンに出たの。笹団子買ってきた！」。アクティブで、二人とも食べることが大好きなアラキさんご夫婦。

近くの銭湯に浸かり、「キンアン」で飲むことが私の最高の幸せだった。

しかし、２０１５年夏、「キンアン」はなくなってしまった。「キンアン」だけではない、「暗黒街」……いやいや「りゅえる」すべてがなくなってしまったのだ。どんどん建物はつぶされ、更地になり、41階建ての高層ビルが建つという。その建築現場にはこんな標語が書かれた看板が出ている。「日本一感じのよいタワマンへ」

その看板が、すでに感じ悪い。再開発という言葉で、日本のどれだけの飲み屋街がなくなったのだろう。

「キンアン」に通っていた方たちとは、２度飲んだ。

「通っていた店がなくなるっていうのは、一つのコミュニティがなくなることなんだよね。この年になると寂しいよ」。

私と同い年のミゾさんがしみじみと言った。そうなのだ、あの料理を食べられないこともだけれど、あの空間に通う人たちが作り上げるあの空気ごと、私は好きだったのだと気づく。

ある日の「キンアン」のお品書きが残っていた。

●ひと品物

蒟蒻と鶏ささみ、胡瓜の胡麻和え、春菊と舞茸のお浸し、冬瓜の朧昆布煮、生湯葉のオクラ掛け旨出汁

●握り

鰺、小肌、〆鯖、鰹叩き、墨烏賊

●天ぷら

穴子、車海老、銀宝、こんとび海苔、稚鮎……

ああ、これはいけない、飲みたくなる。ヨコタさんはいま、とある料理教室で教えているという。いつかまた、どこかに「キンアン」がよみがえる日を待っている。

雑誌「酒」編集長　佐々木久子

あるバーで呑んでいると、カウンター前に張り出された「文壇酒徒番附」なるものに目が釘付けになった。

「横綱　野坂昭如」「大関　丸谷才一」「技能賞　梶山季之」

発行は昭和48年、どうやら作家の「酒豪」具合を番付にしたものらしい。あの石原慎太郎が「十両」とあるのが何やらかわいらしい。まだまだ文壇では若手、「酒徒番附」も低かったのですね。

「ふふふ、いいでしょう。古本屋で見つけたんですよ。『酒』っていう雑誌の名物企画だったんですね」

まだ30代だろうか、若きマスターが教えてくれた。

その番付表の「呼び出し」には佐々木久子とある。

『酒』という雑誌を調べてみると、1955（昭和30）年創刊、1997（平成9）年休刊。なんと42年にわたって発行されていた。「文壇酒徒番附」は、毎年正月の名物企画だったらしい。１９５６年から休刊まで編集長を務めたのが、佐々木久子という女性である。終戦からまだ10年余。女が酒の雑誌の編集長になるのは、どえらいことではなかったか。がぜん興味がわき、佐々木久子の著書を買い集めた。

佐々木久子は、１９２７年生まれ、広島県広島市出身。１９４５年８月６日、原子爆弾によって被爆している。広島大学卒業後上京し『酒』の記者となった。火野葦平、檀一雄、江戸川乱歩など錚々たる作家たちと飲み歩き、記事を書いた。ところが１９５６年、金策に行き詰まった社長が発行を止めると言い出した。そこで、弱冠29歳の佐々木久子自らが編集長となり発行を続けたのである。

その後各地の酒蔵を訪ね歩き記事を書き、「越乃寒梅」ブームを作った方と言われている。２００８年没。その波瀾万丈の人生はあらためて書いてみたいと思うが、随筆に残した「酒呑み」論がまためっぽうおもしろい。

「私は月に三日は、まる二十五時間アルコールを一切飲まない時間を作っている。二十四時間ではダメで、二十五時間きっちりとお酒を抜けば、アル中には絶対なりません。実行してください」

なぜ１時間の差がモノを言うのかはわからないのだが、数十年元気に飲み続けた方が言うのだから説得力がある。

「人間、三十三歳という年齢が最も危険なときです、男でも女でも。三十三歳くらいまでは、どんな無理をしてもまた、深酒をしても大丈夫です」

結論としては、「深酒は三十三歳までにしましょう」という。たしかに、思い返せば、そのあたりまでは明け方まで呑んでも翌日仕事がなんとかできた気がする。

「蒸留酒は下半身から酔いがはじまり、日本酒、ワイン、ビール、老酒のような醸造酒は、上半身から酔いがはじまる」

なんとなくわかります。日本酒を呑んだときの、頭が「ぽーっ」とする幸福感は焼酎にはない。

「『こんにゃくの白あえ』は、手がかかるけれど理に叶った食べもので、こうした〝おふくろの味〟を食べながらチビチビお酒を飲んでいれば、決してお酒で肝臓をこわしたり、食道や胃を焼いたりはしないのです」（引用はいずれも『佐々木久子のお酒とつきあう法』）

ここで「お酒」と書いているのは、おもに日本酒のことである。日本古来の酒を、日本の風土から生まれた料理をつまみにゆっくり呑みなさい、とおっしゃっているのだ。これは佐々木久子自身が、20代に一晩にブランデー2本を空けるような生活を続け、お酒を飲むと吐くような状態になった経験を踏まえている。その後、「日本人本来の食べものに日本酒をチビチビ」という生活になり、健康を取り戻したという。

そして何より、学びたいのは、楽しく呑む精神だ。

「明日のことをクヨクヨ思いわずらわない天性の楽天さがプラスに働き、へべれけになるほど酔うことはあっても、毎日を感謝して嬉しがってお酒を頂いております」

ああ、私もこうありたいと思うのである。勝手ながら、「我がのんべえの師」とさせていただく。

行ってみたくなる、小説に描かれた居酒屋

酒場が舞台であったり、酒場が登場する小説は数多い。それだけ人と人が出会い、物語が生まれやすい場だからだろう。そして、思わず食べたり、呑みたくなってしまう描写にゴクリとさせられ……。

『センセイの鞄』の主人公ツキコが、高校時代の国語教師「センセイ」と再会したのは「駅前の一杯飲み屋」だった。偶然隣に座ったふたりがほぼ同時に頼んだのは、「まぐろ納豆。蓮根のきんぴら。塩らっきょう」。ツキコは「趣味の似たひとだと眺め」、どこかで見た顔だと迷っているうち、センセイが「大町ツキコさんですね」と、先に言い当てる。このふたり、その後たびたび一緒に呑むのだが、「注文は各々で。酒は手酌のこと。勘定も別々に」が基本。かっこいい。

ふたりが「サトルさんの店」と呼ぶこの居酒屋は駅前にある、野球中継が流れるような素朴な店だ。

「黒板には今日の献立がチョークで書かれている。かつおのたたき。とび魚。新じゃが。そら豆。ゆで豚。」

季節のもの、それに枝豆、湯豆腐、塩ウニといった、奇をてらわないアテをきちんと出してくれる。冬になれば、黒板に「鍋ものあります」の文字があらわれる。まったく気取らない「アルミニウムのでこぼこした一人づかいの鍋」で鱈チリをつつく、というのがまたいい。夏には鮎が、たで酢とともに現われる。

何度もこの店のカウンターで隣り合い、酒を呑み、心を通わすふたり。再会から2年経った頃「正式なおつきあい」をはじめ、それから3年を共に過ごした頃、センセイは永遠に旅だってしまう。

その後ひとりでサトルさんの店に行き、ときどき居眠りをしてしまうというツキコの姿がせつない。

「お店でそんなお行儀の悪いことをしてはいけません、とセンセイならば言うことだろう」

できることなら、そんなツキコの隣に座り、少しだけ言葉を交わしつつ、塩ウニなどをつまみ、それぞれ手酌で呑んでみたい。センセイの代わりにはなれないけれど。

5

西日本のいい店6軒

~名古屋・京都・大阪~

● 大甚本店―名古屋―

いつまでもあり続けてほしい100年酒場

その街に行くならばぜひ寄りなさい、と、のんべえの諸先輩方に勧められる名店が全国にいくつかある。

名古屋の『大甚本店』もそんな一軒だ。

この日、訪れるのは三度目。「酒」と潔く大書された暖簾。のんべえなら思わずくぐりたくなる。創業は1907年、100年以上の歴史を持つ名店の敷居は、決して高くない。

土曜の夕方、店内はほぼ満席、わいわいと皆にぎやかに呑んでいる。いい色合いに使いこまれた大卓のちょうど角に通された。10人ほど座れるだろうか。先客はひとり客、2人連れ、さまざまなようである。腰かけた長椅子は、畳敷き。落ち着きますね。

おつまみは、基本セルフサービス。まずは、ずらり並ぶ小鉢を選びに行く。イカ煮、枝豆、おひたし、ネギヌタ……。隣では、店員のオカアサンが大樽からチューっとお銚子にお酒を注いでいる。くー、素敵すぎる。お銚子よ、ビールの後に行くから待っててね。

迷った挙句、ネギヌタ、里芋煮、イカ煮、ユリ根を選ぶ。まずはくいっと生ビール。幸せである。ネギヌタの味噌はやはり赤味噌！　ああ名古屋にいるのだなあとうれしくなる。イカ煮はしっかりと味が沁みていて、カンペキ。もうっ、顔がにやにやするではないか。すると、やはり隣でうれしそうに盃を傾けるおじさまが教えてくれた。

「魚はあっちで注文すると作ってくれるからね。ここは魚がうまいよ」

ああ、そうだった！　並ぶ小鉢類と別に魚のコーナーがあり、好きな魚を選んで、煮魚や焼き魚にしてもらえるのだ。生ビールを呑み終えたところで、魚の注文に行こう。

「これはどうやって食べるんですか？」

ずらりと並ぶつまみに心躍る

「塩焼きか煮魚ですね。15分くらいでお持ちしますよ」訊ねると、カウンターに立つ店員さんがてきぱきと教えてくれた。プロフェッショナルな感じが素敵である。またも散々迷った末、鯛の刺身とアラ煮を頼む。さて、お燗でお銚子1本！　銘柄は広島の「賀茂鶴」、大好きです。樽酒ですからね、ほのかな樽香がまたとてもいい。鯛の刺身をいただきつつ、くいっと一杯。

「はい、おまちどおさま！」

お、アラ煮もやってきた。それにしてもアラ煮というやつは、どうしてこうも美味しいのでしょうね。骨についた肉をこそげ落とす、ゼラチン質の目の周りなんかをしゃぶる。ぐふっ。

「ああ、あのばあさん、いいなあ」

アラ煮をほじっていると、隣のおじさまのつぶやきが耳に入った。その視線の先を見れば、家族連れが店に入って来たところだった。80歳くらいだろうか、お祖母ちゃんと息子夫婦、孫らしき2人もいる。家族が気遣って、お祖母ちゃんを席に座らせた。

「よっぽど酒好きなんだねえ、いや、いいなあ」

おじさまは、「いいなあ」を繰り返す。ちょうど彼の母親くらいの世代だろうか。

「ほら、お嫁さんがよく気を遣ってるね」

本当だ、つまみやお酒の世話をお嫁さんらしき女の人がかいがいしくしている。

「ほんとだ、いいですねえ」

気づけば伝染して、私も「いいですねえ」を繰り返していた。

「私も80歳になっても呑んでいたいです！」

昔ながらのそろばんでお勘定

"80歳現役のんべえ宣言"までしてしまった。

壁の柱時計がボーンとなった。おじさまがお勘定を頼むと、お店の人が現れた。その手にあるのは、使いこまれた古風なそろばんである。

それにしても、と考える。隣の方と自然に話せるのは、大テーブルのおかげだ。ひとり客も多いのに、カウンターがないのである。おのずと知らない人と卓を囲む。この店はもうただの「店」ではないと思う。自然と「酒場」と呼びたくなる。

いつまでも、このまま、ここにあり続けてほしい。そんな一軒なのだ。

つまみもほぼ売切れ、お酒を注いでいたオカアサンがおごそかに告げた。

「本日、終了です」

【大甚本店】
■愛知県名古屋市中区栄1-5-6 ☎052-231-1909 ■16時～21時、土曜～20時、日曜・祝日休 ■席：カウンター、テーブル席120席 ■つまみ：おしたし250円、煮豆250円、野菜煮250円、三元豚しょうが焼き600円、ぶりのてり焼き600円、銀だら800円 ■酒：日本酒・菊正宗、賀茂鶴各1合480円、各大徳利740円、ビール大瓶640円、ハイボール550円、レモン酎ハイ550円 ■これぞ大衆酒場という雰囲気のなかで一杯やれる。ずらりと並んだ中から選ぶ小皿料理のほか、注文してから作り出す魚料理が美味。大テーブルに座れば客同士の話もはずむ。

●庶民、ことのは―京都―

メンチカツや餃子もありの「地元系」京都呑み

京都で呑むと言うと、町家風の店であったり、「床」だったりと、ついつい「京都らしさ」を求めていた。もちろんたまに行く身としては、それも仕方ないのだけれど、当たり前ながら京都に住む人は、ごく普通の居酒屋に行き、ごく普通に飲んだくれる。そんな、地元系「京都呑み」の楽しさを教えてくれたのは、イシケンさんだった。

イシケンさんは、少し年上の男の人、ま、世間で言うおじさんである。週末仲間数人を引き連れて、吉祥寺や戸越銀座、門前仲町などを飲み歩くのが好きで、私も何度か混ぜてもらった。そこには居酒屋だけでなく、老舗の洋食屋、タイ料理屋なども入るのだが、いい店を見つけるイシケンさん

の「嗅覚」がすごい。どの店も単に美味しいだけではなく、店自体に味がある。なんというか、私にとって「人の営み」を感じさせてくれる店なのだ。私は、勝手にイシケンさんを「のんべえの師匠」とあがめている。

そのイシケンさんが数年前関西に転勤となり、京都に住み始めた。さっそく遊びに行くと、また仲間たちを集めて飲み歩きを敢行してくれた。

「11時10分前、大宮駅集合ね」とイシケン隊長。午前11時から飲み始めるのである。

1軒目、大宮駅近くの『庶民』。衝撃の立ち飲みである。200〜300円のつまみが数え切れないほどあり、刺身などどれもちゃんとおいしい。開店と同時にいっぱいになるから、10分前全員集合だったのである。満員電車のような店内でみんなごきげんになるころ、「かなり並んで来たな。そろそろ行くよ」と隊長の号令がかかる。とにかく歩く、歩く。京都はしかし東京と違って、街中に坂道がほとんどないから、どこまでもほろ酔いで歩いていけるのだ。

見送ってくれる「ことのは」の大将とママさん

新京極の『京極スタンド』、三条の『海鮮屋台あみたつ』と、はしご酒。

イシケン嗅覚は健在、いや、京都でバージョンアップしていた。

そんなイシケンさんが連れて行ってくれた一軒が、『ことのは』である。路地にぽつんと立つ、赤提灯が下がるだけの素っ気ない一軒。おせじにも気品ある店構えとは言えない。正直、気にはなったとしても、誰かに連れて行ってもらわなければ入るまでひどく時間がかかったと思われる。だが、最近は中国人観光客がけっこうな数、来店するのだそうだ。言葉が通じず困るので、急きょ、客の一人が作ったという中国語のメニューが常備してあった。何度か数人で訪れたあと、出張のときなど、ひとりでも、また友人と2，3人でも寄るようになった。

この日は女2人で訪れた。カウンターの奥で大将がにっこりと迎えてくれる。頭にきりりと手ぬぐいを巻いているが、前歯が1本ないのと、めがねがずり落ちているので、笑うとこのうえなくかわいらしい。

イシケンさん曰く、栃木出身の大将は「栃木なまりの京都弁」

「蕗の薹味噌」でお酒が進む

をしゃべるのだそうだ。

「おお、いらっしゃい。久しぶりやねえ」

福島出身の私にその違いはわからないが、柔らかな関西の言葉は温かく響く。

4月はじめのこの日、新筍、蕗の薹味噌をまずはいただく。春の味覚ですねえ。鰹節がたっぷり気取らずに煮た筍、大盛にしてくれた蕗の薹味噌に、ビールが進む。

鯛や鯨のお造り、鯖のなれずし、干鰈……魚類にも惹かれる。メンチカツや手作り餃子など、和にこだわらないメニューも揃ってうまい。注文するときは迷いに迷う。

はずせないのは、大将の出汁巻玉子だ。大将は、店を出すまで何年も、デパートなどの実演コーナーで出汁巻玉子を焼き続けていたのだそうだ。焼いた卵焼きは数千本！　とか。そんな大将の出汁巻玉子が、うまくないわけがない。ふわっと焼き上がったきれいな出汁巻を口に入れると、出汁と卵の味わいがじわっと伝わる。

「お酒、美味しいのを入れといたよ」

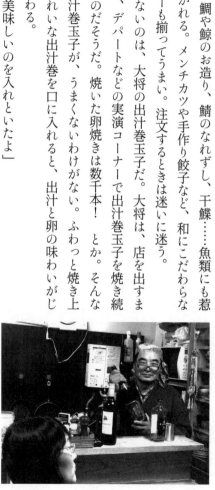

大将は、地元栃木の酒や、全国のおいしい酒を揃えておいてくれる。この日はやはり栃木矢板市の「尚仁沢」の活性にごり。これがまた、口当たりがよくて、くいくいと行ってしまう。カウンターの端の席では、60代くらいだろうか、年上のご婦人がすいすいとお酒を空けている。次第ににぎやかになる店内をにこやかに眺めながら、時折隣の客と話をしたり。とても落ち着いた、大人な飲み方だ。すぐにはしゃいで飲み過ぎてしまう私は、まだまだのんべえ修行中と反省する。カウンター席と、テーブル1席だけのちょうどよいこぢんまり感。その中心に大将がいて、料理も酒も会話も絶妙に仕切る。

「こういう気取らない酒場が好きで、飲み歩いているんです」。

カウンターに座る若いカップルが言う。

「京都って、ここみたいな小さないい店がたくさんあるんですよ」

ああ、特に「ことのは」を京都らしいわけではないと思っていたけれど、本当はこれこそが「京都らしい」のかもしれない。このこぢんまり感、大将や客同士の絶妙な距離感。口開けだった「尚仁沢」を、ふたりで1升飲み干そうと思ったが、まったくたどり着かずへろへろである。
その日じゅうに新幹線で帰るという私を、大将とおかみさんが、店の外で見送ってくれた。赤提灯が照らすふたりの姿に、なぜだかしみじみしてしまう。イシケンさんとも、また来なければ。大将のめがねは、やっぱりずり落ちていた。

【庶民】
■京都府京都市下京区四条大宮町18－6　☎非掲載　■11時～23時、水曜休　■席：カウンター、テーブル席10席　■つまみ：こはだ酢〆150円、あじフライ100円、さつま揚げ150円、揚げ出し豆腐200円、煮込み200円、かま焼き300円、本まぐろ造り400円　■酒：日本酒・白鶴200円、今月の純米酒400円、ビール中瓶300円、生ビール250円、焼酎グラス200円、かち割りワイン250円
■200円以下のつまみが大充実で一人立ち呑みにぴったり。刺身類などのつまみはどれも手抜きなしの味で、しかも11時から通し営業で昼酒ＯＫ。開店を待って行列ができている。

【ことのは】
■京都府京都市下京区西洞院綾小路西入妙伝寺町721　☎090－1159－9014　■17時半～、火曜休　■席：カウンター、テーブル席10席　■つまみ：生湯葉350円、うすあげの焼いたの400円、出汁巻玉子400円、焼葱450円、じゃこ天450円、へしこ600円、ぶりかま焼600円、鯖のなれずし600円　■酒：日本酒各種1合500円くらい。ビール大瓶500円、生ビール450円、焼酎グラス500円、ワイングラス500円
■カウンターとテーブル1卓だけのこぢんまりとした店。夜な夜な通うおなじみさんもいるが、一見にもやさしい。日本酒は日替りでいろいろなので、ご主人に好みを伝えてみよう。とっておきを出してくれるかも。

●のんきや

新世界界隈、「パンパカパーン」な立ち呑みで一杯

ジャンジャン横丁に迷い込むと、脳内はもうすっかり「パンパカパーン」である。昼間っから飲んでるおっちゃん、これまた昼間っから将棋や囲碁を指しているおっちゃん。ここまでは、まだわかる。よそ者にとってびっくりするのは、店内で指している将棋を通りのガラス戸越しにじっと見物するギャラリーである。うーん、よほどヒマ……いやいや、将棋好きなのであろう。

大阪出身の友人に聞くと新世界は、「大阪の人はわざわざいかないよ」という。いわば観光的呑み屋街らしい。けれど、私にはかなり楽しい。言ってみれば、魅力的な異文化、ほぼ外国旅行なのだ。

大阪一人呑み初体験は20年ほど前だった。とりあえず飲もうと呑み屋を探すと、路地を曲がった角にシブい立ち飲み屋がある。あとから、「新世界」と呼ばれるエリアだと知った。しっかりと楷書で書かれた看板に、「酒」と染め抜かれた紺の暖簾。脳内はさらに沸き立ち、「パンパカパーン」度は上がる。

店に入ると、中は競馬新聞を広げたおっちゃんたちばかり。当時まだいたいけだった私は、さすがにひるんだような気もするが、ハートランドの瓶ビールを飲み始めれば、楽しさが先だった。落ち着いて見ると、店内はきれいに掃除されているし、カウンターに立つお店のおじさんはてきぱき、おっちゃんたちも静かに飲んでいる。意外にも(すみません)、とてもスマートな立ち呑みだったのだ。ガラスケースに並んでいる刺身類やぬた、おひたしなどがどれも美味しそうに見えて困ってしまう。当時は、こうしてガラスケースにおつまみを並べておく店に行ったことがなかったから、なおさら目移りしてしまったのかもしれない。

お品書きもあり、「子煮」とある。

「『子煮』ってなんですか?」と店のおじさんに聞いてみた。

「魚の卵を煮たもの、これ」と見せてくれた。大鍋に入っていい色合いに煮られた、「子煮」はとても美味しそう。もともと魚卵系が大好きだから、もちろんいただく。そしてハートランドをもう1本頼み、上機嫌で店を出たのだった。以来、全部で3度呑みに行った。

大阪に行くと、またジャンジャン横丁に行きたくなる。今回も、もちろん先日の店に向かったのだが……土曜日のこの日はかなり混んでいた。立ち呑みだから、がんばれば1人くらい入れてくれたかもしれないが、外から見て暖簾が盛り上がるほど(ホント!)満杯なのである。うーん、あきらめよう。

他の店を探そうとぶらぶらすると、いい感じの呑み屋、主に立ち呑みが、たくさんあるある。店のおばちゃんがにこにこと燗酒を出しつつ、カウンター越しにお客さんの話を聞いている。いいなあ。どの店を見ても、店の人も客の顔も、とっても楽しそうだ。しかし、一人で入るとなると、さすがにやや慎重になる。その中から、おかみさんがどて煮とおでん鍋の前に立つ店が目に入った。そのおかみさんの様子が素敵で、入りやすそうだ。その店『のんきや』に入る。

「いらっしゃいませ!」

女一人で入っても、何のとまどいもなく迎えてくれるのがうれしい。L字型のカウンターは、

6割方客でうまっている。壁を見ると、おでんとどて煮以外にものすごい数のお品書きがあった。そして、ここもまた「ガラスケースおつまみ陳列」方式！　ああ、目移りしてしまうではないか。まずは「ふき煮」と「たこぶつ」を頼む。ふきのおひたしは、出す直前に出汁をさっとかけるという細やかさ。火の通し加減が絶妙で、さわやかな香りが広がる。またいい店に出会ったみたい。こんなとき、呑みながらひとりにやにやしてしまうのだ。

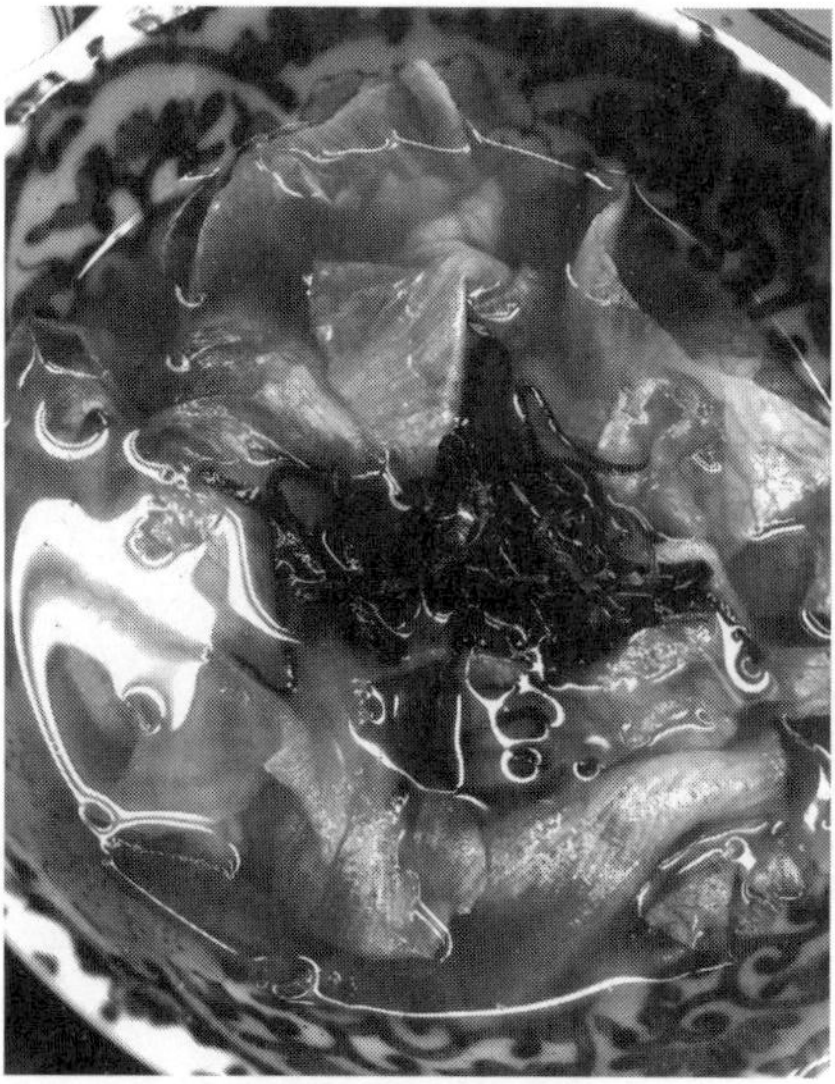

「レタス　カレー風味」はとても美味！

おでんが食べたくなり、お品書きを見ると、いくつかおもしろいタネがある。「タマネギまるごと」。芯まで出汁が沁みたとろとろのタマネギが実においしい。「レタス　カレー風味」。注文を受けてから出汁にレタスを入れ、カレー風味をつける。カレー風味のおでん、絶妙にとても美味。ちなみに、カレーパウダーは「自由軒」のものを使っていた。大阪や！

ほかにも水菜、きく菜など青物のおでん

がいくつかある。これは関西ではわりに多いのか、『のんきや』ならでは、なのか。練り物だけだとお腹にたまってしまうので、青菜おでん、とてもいいなあ。もちろん、両方出汁までしっかりいただきました。

隣のお兄さんがちくわを注文すると、おかみさんが、「まだ浅いのと、よく煮えてるの、どっちがいい?」と聞く。

「『しゅんどる』ほう」とお兄さん。

ああ、関西にいるんだなあ、とまた楽しくなる。よし、お酒を頼もう。日本酒も1種類だけ

「ふき煮」は香りも、歯ごたえもいい

でなく、いくつかよさそうな銘柄が揃っている。思案した結果、「賀茂鶴」の「新酒しぼりたて」を頼む。

「ごめんね、半合しかないから、半額で出すね」とおかみさん。もちろん、かまいません。

隣で呑んでいた殿方2人は、ほろ酔ってお勘定をしているところだ。

「うるさくてすみません、お先にね」と、とても紳士なのである。

「いえいえ、全然！　私はもう少し呑んでいきますね」

ゴキゲンになり、言わなくてもいいことまで言ってしまうのはのんべえの性か。けれど、一人旅、一人酒のとき、こんなふうに少し言葉を交わせるのがとてもうれしいんです。

また、とてもいい店で呑ませてもらった。ああ、このたびも大阪で「パンパカパーン」である。


【のんきや】
■大阪府大阪市浪速区恵美須東3－4－5　☎非公開　■8時～20時、火・水曜休　■席：立ち飲み約10人　■つまみ：はくさいのつけもの100円、おでん110円～、どて焼き120円、たまごどうふ150円、うにくらげ260円、わけぎぬたあえ260円　■酒：日本酒310円～、ビール大瓶510円、生ビール470円、焼酎310円、ワイン290円
■ジャンジャン横丁にあるおでんとどて焼の立ち飲み。そのほかのメニューもぬたなどの心憎いつまみが揃う。

● 新梅田食道街、天満酒蔵 ―大阪―

「食道」街からのんべえ天国へ、大阪で「呑み倒れ」

大阪には、「なんじゃここは！」と驚きつつもうれしくなる「ザ・オオサカ」なポイントがいくつかある。その一つが「新梅田食道街」だ。ＪＲ大阪駅と阪急うめだ駅という巨大なターミナル駅に挟まれた建物に、「これでもか」というくらいたくさんの店がひしめきあう。しかも「食堂街」じゃなくて「食道街」ですよ。ここは体内か、消化器官か。それにしても、この「食道」を歩いてわくわくしないのんべえは、のんべえではない。と、私は言いたい。

大阪に来ると、たいてい一度はこの「新梅田食道街」をふらふらする。あるときは友だちと『松葉総本店』で串揚げをかじり、『えき亭』であかし焼き。または、『きじ』でお好み

「食道街」の名店にて

焼きをふはふはとやる。

立ち呑みも座り呑みも何度か体験したのだが、やはり一見には入りにくい店も多い。そんな話をしていたら、大阪の友人オオタ氏が「とっておきのいい店に連れてってやるわ」という。入ったのはカウンター10席ほどのこぢんまりとした店だった。一人では入りづらいが、席に落ち着けば、大阪らしいテンポのよい会話が飛び交い、緊張を忘れさせてくれる。

ちょうどこの日は、某缶詰メーカーの抽選会が『食道街』で開かれていた。お客さんが順番に抽選券を持って会場に出かけては、景品を持って帰ってくる。

「缶詰の詰め合わせ、当たったで！」

「ああ〜、あんた、運をその缶詰に使ってしまったなあ」

そんな会話をママさんと女性スタッフが、笑いながら見ている。

「よし、じゃあ俺行ってくるわ」

勇んで出かけた次の方が、いわしの缶詰1つと共にすごすごと帰ってくるのがまたおかしい。

ビールの大瓶を1本開ける頃には、すっかりくつろいでいた。おつまみ第一陣は、缶詰の「オイルサーディン」。缶のまま温め、ニンニクとサフランを加えただけというシンプルさなのだが、いいんだなあ。「鶏胸肉のコーヒー煮」は、コーヒーの風味が淡泊な鶏肉に沁みて、不思議なおいしさ。

「いい店だからみんな呑みたいやろ？　狭い店だから譲り合い。そろそろ切り上げよ」とオオタ氏。

名残惜しかったけれど、新たな客がやって来たのをシオにお勘定にする。こんな客たちの気遣いがあって、みんなが楽しみ、お店が長く続くのだなあ。

おなじみさんが多いけれど、場所柄、いろんな旅人を受け入れて来た。一見にもやさしい、懐の深い空気感が伝わってくる。そうだ、「食道街」は宿場町のようではないか。今度は、ふらっと一人で寄らせていただこう。

もう一人の友人はしもっちゃんが合流し、二つ目の「ザ・オオサカ」ポイント天満に向かう。天満駅を降りて少し歩くと、路地をはさんで立ち並ぶ、呑み屋、呑み屋、呑み屋。その光景が行けども行けども続くのである。

「ここは呑み屋天国ではないか！」

東京にも横丁はある。けれど、ここまでたくさんの呑み屋がぎゅっと一カ所に集まっているところはない。しかも、路地には屋根があるところも多く、外呑み席も数多いのだ。やっぱりここは「呑み屋天国」だと、あらためて思う。

そのエリアから少し外れるが、堂々たるのれんに惹かれて『天満酒蔵』に入った。

オオタ氏は京男、はしもっちゃんは、こてこての大阪人。私たちはある会社の同期だったが、みんな辞めてしまい、別の職業に就いている。はしもっちゃんは、苦節十数年、昨年ある国家試験に受かった。そればかりか、結婚もしたというおめでた続きだ。やっと、今日は乾杯ができる。
「おめでとう」
「ありがとなあ。いやしかし、仕事た

いへんやで」

意外に淡々としている、はしもっちゃん。

「センセイやもん、しょうがないだろ」とオオタ氏。

「そうだ新婚なんやし、がんばりやっ」とエセ関西弁で私も続く。

そういえば、はしもっちゃんは昔からシャイだったと思い出す。

「ああ、とび魚のお造り、うまいで」と話をそらす。

とび魚お造りは、キラキラと光る薄皮が美しく、とても新鮮なのがわかる。ねっとりとする食感がいい。これで300円！　一緒に頼んだ「鮭あら煮」は120円でつまみ力抜群。

「この店、いいなあ」。関西人ふたりからおほめの言葉が出て、店を決めた私としては「ほっ」である。関西人はどう考えても、関東や東北の人より、飲食店に厳しい。「食道街」も「天満」も、こんなにもたくさんの店がひしめき合う。客は見る目が厳しくなり、店は店で緊張感をもっている。そうして、大阪は「食い倒れの街」であり続けるのだ。

やがて瓶ビールから、ふたりはチューハイ、私は濁り酒へと移る。

「とび魚のお造り」に感動！

「いや、しかし新人の頃なんて遊びみたいなもんだったなあ」

「私はあの頃を思い出すと、会社にほんとうに申し訳ない」

「バブル入社やもんなあ」

鮭のアラをつつき、じゃこ天を追加し、「チューハイお代わり！」。たいした仕事もしないのに、根拠のない自信とやる気だけはあった。新入社員時代をほろ苦く振り返りながら、天満の夜は更けていくのであった。


【梅田食道街】
■大阪府大阪市北区角田町9－26 ☎06－6372－0313（新梅田食道街連合会） ■1950年18店舗で開業し、現在は、居酒屋、立ち飲み、お好み焼きなど約100店舗が営業。大阪が集約されたような飲食街だ。ぶらぶらと呑み歩き、居心地のよい一軒を見つけてみたくなる。http://shinume.com/

【天満酒蔵】
■大阪府大阪市北区天神橋5－7－28 ☎06－6353－3792 ■11時～23時、不定休 ■席：カウンター、テーブル席58席 ■つまみ：はまちあら煮180円、焼あさり200円、湯どうふ200円、さば塩焼き200円、さざえつぼ焼き300円、いか姿焼350円 ※お造りの種類は季節によって変わる ■酒：日本酒270円～、ビール大瓶400円、生ビール中350円、焼酎270円、ワイン500円
■大呑み屋街が続く天満にある、創業50年を迎える老舗大衆酒場。市場から仕入れた魚料理は、驚くべきコスパの高さ。さまざまな魚の「あら煮」は、のんべえにうれしい値段と味わいだ。

異国の居酒屋

赤提灯の下がる軒先、縄のれんをくぐると、流れるのはなつかしの昭和演歌だ。石川さゆりに五木ひろし、そして八代亜紀。

「お酒はぬるめの燗がいい。肴はあぶったイカでいい」

泣ける。しかし、この超正統派昭和の居酒屋があるのは、日本ではない。南に遠く離れた、サイパンなのだ。ご主人のオミさんは、サイパン在住30年ほど。サイパンの中心ガラパンという街で和食レストランを経営したあと、この『芋屋』を開いた。現地に住む日本人マサさんは、『芋屋』のことを語るとき、とてもうれしそうだ。

「豚のしょうが焼きがいいんっすよね。だしまきファンも多いし」

地元日本人に、愛されているのだ。そういう私も年に一度仕事でサイパンを訪れると、最低必ず一夜は『芋屋』で飲む、大ファンだ。

お品書きにはポテトサラダ、イカ焼き、川海老、モズク酢――ホワイトボードにずらりと書かれたお品書きを見ていると、洋モノに疲れた胃腸がほっとしているのがわかる。ああ、焼き魚、天ぷらも捨てがたい。

「今日はカツオある?」

仕事仲間であるカメラマンのさいとーさんが、すかさず店員さんに聞いている。サイパン近海はいい漁場で、時化なければ、その日獲れたカツオやシイラなどおいしい刺身が食べられるのだ。

カツオの刺身がやってくる。日本で食べる場合とちょっと違うのは、「フィナデニソース」なるものがついてくること。フィナデニソースのベースはしょうゆ。ここにサイパン特産の超辛いペッパー、細かく刻んだタマネギ、さらにライムやレモン、好みで酢を加える。ざっくり言うと、ポン酢の辛みがかった版というのか。これがまた刺身に合うんだなあ。

サイパンは、第二次世界大戦が終わるまでの約30年間、日本統治領だった。その頃日本人が持ち込んだしょうゆに、特産のペッパーやライムを加え、このフィナデニソースが生まれたと思われる。先住民族であるチャモロ人の家庭ではごくふつうに作られ、それぞれ微妙に違うという。どうやらさいとーさんは、オミさんに作り方を教わり、自宅でもこれを作っているらしい。

「うーん、オレのフィナデニはまだまだ芋屋のにはかなわんなぁ」と、フィナデニソースをたっぷりつけて、おいしそうにカツオを食べている。

料理を作り終えたオミさんが現われる。

「おお、いらっしゃい」

1年ぶりでも、まるで先週来たばかりのように迎えてくれるのがうれしい。

「イカの塩辛作ったんだよ。食べる?」

もちろん、いただきます! これがまたうまい。絶妙な塩加減、イキのいい肝の味わい。これほどおいしい塩辛は、日本でもそうそう食べられないだろう。

日本から持参した日本酒を献上するのが、お約束だ。

「おっ」とうれしそうな顔をしたオミさんが、グラスに注いだお酒をくいっといく。

「うまいねえ。サイパンではこういうのが手に入らなくて」

縄のれんも赤提灯も下げられる、演歌も流せるし、いい魚も入る。しかし、日本酒だけは難しい。大手メーカーがアメリカで醸造した手頃な値段の日本酒もあるけれど、おいしい酒を日本から輸入するとなると、目が飛び出るほど高くなってしまうのだ。

「実はね」と、いたずらっぽい表情でオミさんが話し出した。

「自分で作ろうかと思ったことがあるんだよ。糀も買って。でもなぜだか発酵しないんだよねえ」

どうやら、自分で日本酒を醸してしまおうと思ったらしい。え〜、日本と違ってサイパンでは、自家醸造した酒を自分で飲む分には違法ではないはず。つまり密造ではないけれど、もし上手にできていたら、それをどうしたのか、オミさん……。ま、いいか。気候が暑すぎるのか、酵母の問題なのか、うまく発酵しないわけをひとしきり一緒に考えてみたが、素人にわかるはずもない。「勉強してお伝えします」ということにして、話は終わった。

そういえば、オミさんがどういうきっかけでサイパンに来て、はや30年も店をやっているのか、聞いたことがない。日本を恋しく思うこともあるだろうか。日本にある居酒屋よりも、むしろ「日本」らしい店構え。そんな店内になぜか飾ってあるサーフボードが目に入り、感傷的になってしまった。

けれどまあ、「芋屋」に来てほろ酔って、オミさんと肴や酒の話、バカな話をする。そんなふんわりとした感じがいいのだろうと思う。また来年サイパンに来るときは、おいしい酒を持ってきますね、オミさん。

能登『錨』と『泳』

いつか、その店で呑むためだけに旅をする――。一度訪れて以来、ずっと考え続けてきた居酒屋がある。石川県輪島にある『錨』だ。

２０１１年４月、本当なら東北への取材旅行だったはずが、東日本大震災のために金沢、能登半島へと変更になった。私は原発から約50㎞ほどの福島県古殿町に生まれ育った。実家に直接被害はなかったとはいえ、今振り返ると、その頃は、どこか感情が不安定だったように思う。はしゃぐ友人に苛立ったかと思えば、誰とも話したくなくて黙り込んでしまったりと、めんどうくさいヒトだっただろう。

せっかくの取材旅行にも心が浮き立たず、最終日の夜になっていた。

いつものようにホテルのフロントで、近くでおすすめの店を聞くと、真っ先に出てきたのが『錨』だった。

古びた引き戸を開けると、先客の男性が２人、静かにお酒を飲んでいる。使い込まれた木のカウンター、黒板にきまじめな文字で書かれたその日のお品書き。天井にはガラスの浮き球が飾られ、立派な神棚が店と、そこで呑む客たちを見守っていた。

きっちりと白衣を着たご主人が、目の前で魚をさばく。その包丁さばきがとても美しい。お酒を頼むと、割烹着を着たご主人の母上らしき方が銚子を運んでくれた。きびきびと調理場で動くもう一人の女性が奥様らしい。

まずは「いしるなべ」をいただく。「いしる」は能登特産の、イカからつくった魚醤だ。貝殻の器に、ナスやニンジン、ネギ、エノキ、そしてなにやら春雨に似たものが入っている。

「つるも、という海藻なんですよ」とご主人。能登の春の味覚なのだという。よく煮たほうがいいと言われ、少し時間を置いてから一口。いしるのうまみと、つるんとした食感がとてもいい。とても上品な味わいに、魚醤のイメージが変わってしまった。

刺身を頼もうとすると「ゴマメをぜひ」とご主人。

「ゴマメ?」

「小イワシのことをこのあたりでは、ゴマメと呼ぶんです。今の時期は脂がのってます。今朝獲れたので美味しいですよ」

このゴマメちゃんが、なんとも美味であった。とろけるような食感と、口の中に広がるうまみに身もだえる。輪島塗のお猪口で地酒をいただけば、幸福感がじわっと広がり、なんだか泣きたい気分になった。

ひとしきり呑んで食べた頃にうかがうと、やはり、ご主人とお母様、奥様と3人で切盛りしているとのこと。

「私の夫が始めた店なんですよ。漁師だったんですけど、陸に上がって」とお母さん。船を降りて、錨を降ろしたのがここ。というわけで、名前が『錨』なのだという。

お父さんが始めた店を引き継いだ息子さんが、日々、魚を仕入れ、さばく。笑顔で客に運ぶ、お母さんと奥さん。客は一日の仕事を終えて、最高の魚をつまみに、酒を呑む。みんな穏やかに笑っている。連綿と続く日々。『錨』には、「営み」という言葉がよく似合う。その「営み」が、その頃の私をどうしようもなく泣きたい気分にさせたのかもしれない。ずっと、そこにあってほしい店だった。

いつか行こう行こうと思いつつ、7年が経っていた。今年こそは行きたいと、ある日店の名前を検索してみると、そこには「閉店」の文字が。ご主人はまだまだ若かったし、地元のお客さんでにぎわっていた、いったい何があったのか。いてもたってもいられず、店に電話をかけてみた。まず、お母さんの明るい声が聞こえ、ほっとする。

「すみません、『錨』は今年春に閉めまして。古い店でしたしね。今は息子が新しい店を始めたんですよ」

たしかに古い店だった。私たちは、それを「趣がある」と思うけれど、そこで日々商売をする方としては不便なことも多かったに違いない。『錨』がなくなってしまったのはとても寂しいけれど、不幸なことではなかった。よかった。ほんとうによかった。

息子さんは海沿いの一軒家を改装し、新たに和食店を始めたそうである。「『泳《およぐ》』というんですよ。泳ぐのが好きな子ですから」と、お母さんのうれしそうな声が続いた。思わずほおが緩む。海から上がって、店を始めたお父さんが『錨』と名付け、息子さんが新たな店に『泳』と名付ける。ふふふ、いいなあ、親子だなあ。今は昼の定食しか出していないそうだが、ゆくゆくは夜の営業も期待したい。来年は必ず、『泳』に行こう。やはり、ゴマメのうまい春がよいだろうか。

呑み鉄志願

乗り物に乗って飲むお酒って、やけにおいしい。

風情ある屋形船だったりすればもちろん、バス、電車、飛行機……。移動、旅のわくわく感とあいまって、酒の美味しさが増すのだろうか。とりわけ電車の旅で、車窓の風景を眺めながら飲むのが好きだ。駅の売店でつまみや地酒、ビールを買い込んで慌てて乗り込む。発車を待って、「ぷしゅ～っ」。たまりません。

ある時、「呑み鉄」という言葉を聞いた。

鉄道に乗って呑むのが好きな人、ということらしい。鉄道好きの「鉄ちゃん」もさまざまで、写真を撮るのが主である「撮り鉄」、とにかく乗りたい「乗り鉄」と分かれる。そして新たに、電車内で呑むのが好きな「呑み鉄」が加わる、というわけだ。

私は既存の「鉄ちゃん」ではないけれど、このジャンルならばおおいに参戦したい。まず考えるのは、「呑み鉄するならどんな電車がよいのか」ということだろう。もちろん、都内の地下鉄や、混み合った電車で呑むのはなし。近頃、「ビール列車」や「地酒列車」などの企画列車が増えている。こういう「呑む（食べる）ための」電車も乗ってはみたいけれど、やはり旅の途中、普通の電車で呑むことに燃えるのだ。新幹線もいいけれど、「こだま」はともかく「のぞみ」はちょっと速過ぎる。東海道線や横須賀線のボックス席か、それに特急電車もいい。速過ぎず、遅すぎず、風景を眺めながら一杯できる。

最近、2週間くらいの間に2度伊豆に行くことになった。

1度目は、友人4人で伊東の温泉へ。友人2人は先に着いており、私は夕方都内で仕事を終えたあと、東海道線快速アクティで熱海まで行き、伊東線に乗り換える。もう一人後発組の友人は、平塚から同じ電車に乗ることになった。バタバタと品川駅から乗り込み、時間がなく缶ビールを買えなかったことを激しく後悔。電車はやがて平塚駅へ。

乗り込んで来た、友人の右手には缶ビールが！　しかもロング缶2本。さすが我がトモダチ！　ボックス席へ移動すると、先客に60代くらいの上品なご婦人が一人。おそるおそる缶ビールを取り出し、「すみません、私たちのんべえで……いいですか？」と許可を求める。

「あら、もちろん。私も銀座でお友だちとワインを飲んで来ちゃったのよ」とコロコロ笑う。

ほっとして「ぷしゅーっ」。

ご婦人は、あれこれしゃべりつつ缶ビールを飲む我々を見ながら、「いいわねえ。私も帰ったらもうちょっと飲むわ」とにこにこ。熱海駅に着く頃にはロング缶がすっかり空いていた。ご婦人は熱海在住ということで、降りていった。我々は伊東線に乗り継ぐ。

やってきた列車には「黒船号」とある。この車内がまたいい。普通料金で乗れるのだが、観光列車というのか、一列に窓側を向いている4人がけの座席がある。居酒屋で言えば、窓側を向いたカウンター席と言ったところか。すばらしい「呑み鉄」列車！我々が熱海駅売店で、急きょ缶ビールを追加購入したのは言うまでもない。目の前に広がるのは伊豆の海、缶ビールがうまい。このときはたまたまだったが、次に伊東線に乗ることがあったら、ぜひとも「黒船号」を狙いたい。

2度目は、「スーパービュー踊り子号」で向かった。

実は「スーパービュー踊り子号には生ビールのサーバーがあるらしい」と、友人から聞いていた。「呑み鉄」らしく缶ビールもいいけれど、電車内で生ビールが飲めるのは一度体験してみたいではないか。

さらに、友人ワタナベは「席は5号車にせよ」と言う。なんでも、「ビールを呑み終えたのに、車内販売を待つのはつらい。5号車には売店があるから、そこで生ビールが買える」というのだ。なんとのんべえ心を知り尽くした、心憎い指示。こんなとき、私はほんとうに(呑み)友だちに恵まれていると思う。

指令通り5号車に席を取ると、あった。ほんとうにあった。生ビールサーバー!

この日は「スーパービュー踊り子」「生ビール」というスペシャル感に合わせ、品川駅で「なだ万」のおつまみセットを奮発した。これ、煮物や焼き魚などお料理だけを詰め合わせた、ごはんなしのセットなのである。「呑み鉄」におすすめの、ちょっと贅沢車内つまみですよ。

車窓からは青い空、泡もきちんとおいしい生ビール。電車も進むが、生ビールも進む。「アクティ」のボックス席+缶ビールが、「ケ」の呑み鉄だとしたら、「スーパービュー踊り子号」+生ビールは「ハレ」だろうか。どちらもそれぞれに、とてもいい。

のんべえライターほんごー、「呑み鉄」に志願します!

6

みちのく酒場旅8軒

●會津っこ、のり平―会津―

酒どころ会津で酒と情に「三泣き」の夜

福島県は広い。47都道府県の中で3番目、地味に広い。県民としては当たり前なのだが、よく驚かれるのは、天気予報が3地方に分けられることだ。福島市、郡山市がある「中通り」、私が生まれ育ったのは太平洋側の「浜通り」、そして、最も雪深い内陸の「会津地方」だ。

3つの地方の中でも、「会津地方」は県民から特別な思いを持って見られていたし、そこに「敬意」があったように思う。特に年配の人たちが「会津」を語る

レトロな七日町駅

とき、特別な響きがあった。

　戊辰戦争で最後まで新政府に抵抗したのが会津藩であり、そのため明治維新後何年もの間、さまざまな苦難を強いられたと聞く。会津藩士は当時不毛の地と言ってもいい斗南藩に追いやられた、明治以降昭和になっても道路が整備されず開発も遅れた……。今思えば、だからこそ残ったよさがたくさんあるのだろうが、当時は「ひどい話だ」と思った。

　子供の頃に聞いた「会津伝説」がいくつかある。

「会津で『この前の戦争』と言えば太平洋戦争ではなく、『戊辰戦争』である」

「長州の人との結婚を反対され、泣く泣く別れた人がいる」

「長州との仲直りのため、テニス大会を開催しようとしたが『時期尚早』と中止になった」——テニス大会の話は本当に本当。私が子供の頃、昭和50年代ごろ、新聞で見たから確かである。

　そんな歴史的背景と雪深い気候も手伝ってか、「会津人」は気性はがんこだが情には厚いという、しっかりとした像があった。「会津っぽ」というのは、そんながんこもののことを指すらしい。

「会津の人はがんこだからなあっす」とおばあちゃんが語る味噌のコマーシャルがあり、また

「会津の三泣き」という言葉もよく耳にした。会津に移り住んだ人がいる。初めは会津の人たちのがんこさに馴染めずに泣く、ところが打ち解けていくに従って情の深さに泣く、そしてわけあって会津を去らねばならず、その別れがたさに泣く。子供心にも、いい言葉だなあと思った。

そんな会津は米どころ、ということは、酒どころでもある。会津の酒を呑みに訪ねたくなった。

ある仕事で初めて泊まって以来、会津を訪れるたびにお世話になるのが、七日町にある宿『たかや』。「七日町」というのは、市内でも特に歴史を感じさせる街並みが残る。「なのかまち」ではなく「なぬかまち」と読む。『たかや』もそんな街並みに溶け込む、風情のあるこぢんまりとした宿だ。宿に着いて、ご無沙汰の挨拶も済むか済まないうちに、女将さんがにこにことしつつ、とっておきの濁り酒を出してくれる。ああ、会津に来た！

「ウエルカムドリンク！　つまみはこれね」

たくわんを塩抜きし、出汁醤油で軽く炒めたものだという。これが、濁り酒にめっぽう合う。

「おいしいおいしい」と食べ尽くし、濁り酒も飲み干す。もう、遠慮も何もありません。お代わりもありがたくいただき、すっかり下地はできあがった。

「すみません！　じゃあ行ってきます」

腕のよい料理人であるご主人が作る夕食が美味しいのはわかっているのだが、「夜は街を飲み歩くので」とあらかじめ女将さんに断ってある。

「はい、今日は『のり平』だね。送っていくよ」と女将さん。申し訳なく遠慮するが、「いいがら、いいがら」と車を回してくれる。

『のり平』も『たかや』も、「会津食の陣」というイベントで会津を盛り上げよう、という仲間なのだ。こんなつながりも、会津らしくて大好きだ。

『のり平』のご主人カワゾエさんがもともと営んでいたのは、『會津っこ』という蔵造りの居酒屋。3年前初めて訪れたとき、その立派な店構えから、敷居が高いかと思ったが、一歩入ってしまえばそんなことはまったくなかった。

　鯉の皮をからりと揚げた「こいから」は、初めて食べてすぐに好物に

「たかや」の囲炉裏端でウェルカムドリンク

カワゾエさん念願の『のり平』

なった。鯉のくさみはまったくなく、食感がとてもいい。

「こいから、いいでしょう?」。カワゾエさんがにこにこと笑う。かわいすぎるネーミング、60代男子のカワゾエさんが考えたのかと思うと何やらほほえましい。

もちろん店名通り、馬刺し、会津地鶏などに加え、季節ごとの会津の味で、会津の酒がたんまりと飲める。「天明」「会津中将」「末廣」「花泉」。次から次へと、飲みたい銘柄が現われるから、すっかりできあがる。実はカワゾエさん、まったくの下戸だというので驚いた。「香りをかいだり、ちょっとだけなめたりはするんですよ」。それで、こんなにもいい酒を揃えるとは……あ、ひょっとして飲まないからこそ、本当に「利ける」のかもしれない。

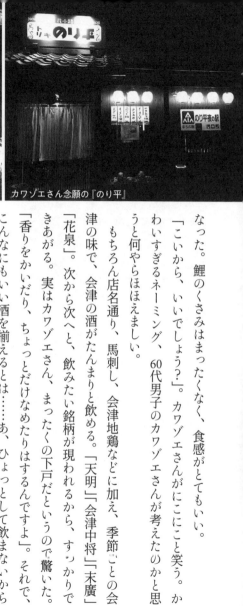

2015年、60代を迎えたカワゾエさんが、『會津っこ』を息子さんに任せ、新たに出した店が『のり平』だ。

「肩肘はらず、気楽に寄れる店を始めたくて」と、カワゾエさん。『のり平』は花小路という路地にある。店内には古い映画のポスターが貼られ、懐かしい雰囲気だ。お品書きには焼き鳥、もつ煮込み、餃子など、日替りでホヤの刺身なんて珍味もある。いいですねえ。会津名物「にしんの山椒漬け」は、会津に来ると必ず食べたくなる味だ。独特の歯ごたえがあるニシンの身に山椒の風味が効いている。くぅ……お酒ください！

この日は金曜日、カウンターで一人熱燗を飲む殿方もいれば、テーブル席で盛り上がる女子3人組もいる。『會津っこ』もいいけれど、ふらっと寄るなら『のり平』もいいなあ。カワゾエさんが会津に作りたかった「場」は、こんな風だったんだなあとうれしくなる。

『たかや』で下地ができていたせいか思いのほか早く酔って宿へ帰ると、濁り酒が部屋に用意されていた。あっ、思い出した！　女将さんが「残りは部屋に置いておくから、飲みな～」と言ってくれていたんだった。ありがたやありがたや、と、また大根をぽりぽりとやりながら、一杯、二杯……。記憶がない。

翌日、女将さんに「お世話になりました」と挨拶をした途端、また来ようと誓う。次は『たかや』で一晩を過ごし、もう一晩を飲み歩く、二晩体制にするのだ。

駅へ向かう前に立ち寄った武家屋敷に、「戊辰戦争150年」と

いう幕が貼られていた。そうだそうだ、この街では「明治維新150年」ではなく「戊辰戦争150年」。会津では、それでいいのだ。やはりがんこでかっこいい。これが会津だ、と思う。

【たかや】

■会津若松市七日町5-25　電0242-22-2265(8時~21時)■1泊2食付き7500円

【會津っこ】

■福島県会津若松市栄町4-49　☎0242-32-6232　■17時~23時　日曜休　■席：カウンター、堀ごたつ、座敷90席　■つまみ：豆腐の味噌漬け350円、あいづのこづゆ400円、へら田楽400円、会津地鶏の手羽先焼き450円、鰊の山椒漬け450円、馬刺し1200円　■酒：日本酒・会津娘500円、写楽680円など会津の銘酒各種、ビール中瓶600円、生ビール中550円、焼酎450円~、ワイン450円

■会津のお酒はさすが地元ならではのラインナップ。「こづゆ」など会津の郷土料理も楽しめる。コクとうまみが強い地鶏として知られる「会津地鶏」も多様な調理法で登場。馬刺しも絶品!

【花小路　のり平】

■福島県会津若松市栄町1-34　電話0242-25-2577　■11時半~13時半、16時半~22時、土曜16時半~22時、日曜休　■席：カウンター、テーブル、堀ごたつ約50席　■つまみ：焼き鳥1本100円~、油揚げねぎみそ焼350円、自家製餃子380円、自家製春巻き400円、ホルモン炒め400円　■酒：地酒(もっきり酒)380円~、生ビール中550円、酎ハイ380円~、ワイン380円~

■「會津っこ」のご主人が、「一人でも気楽に呑める店を」とオープン。そのとおり、ふらっと寄りたくなる気楽な雰囲気だ。古い映画や昭和のスターのポスターが懐かしい雰囲気。

●ばんや―八戸―

その店で呑むためだけに旅したくなる一軒

八戸で呑んでみたかった。

2011年の冬、東北6県を飲み歩くという取材をしたことがある。その年早々に東北取材が決定していたのだが、3月、あの大震災があった。当然ながら、飲み歩きどころではない。企画自体どうするか、編集部でもめたようだが、夏頃には「東北に出かけて、東北の酒を飲むことも支援ではないか」と決行したのだった。

とはいえ、被災地である沿岸部で飲むのはどうなのか。担当編集の方がこう言った。

「多くの方が亡くなられ、甚大な被害があった

街に突然おじゃまして、飲んで記事にしたら失礼じゃないでしょうか」
私はくよくよと考えてみた。沿岸の街で、被災した方々がどんな酒場で、どんな思いで飲んでいるのか、訪れてみたい気持ちはあった。けれど、興味本位と言われればたしかにそうだ。震災からまだ数ヶ月しか経っていないのだ。

結果的に青森県では、青森、弘前の2都市で飲み歩き、沿岸部の八戸には行かずに終わった。以来、八戸はずっと気になる街だった。いい横丁があり、三陸の魚を美味しく食べさせてくれる酒場がある——本や雑誌で、幾度か心惹かれる記事を読んだ。

それから7年後の3月、念願かない、八戸を一人で訪れた。まずは横丁を探検したい。

八戸は横丁の街

花小路、鷹匠小路、れんさ街……市内にはなんと8つもの横丁があるという。市の人口あたりの横丁数で言えば、日本一かも!?　八戸市民がうらやましい。

細い路地に並ぶ赤提灯、「あはは」と笑い声が漏れ聞こえてくる焼き鳥屋さん。どれもいい感じだ。前情報なく、えいっと一軒の居酒屋に入る。あえて冒険してみたかった。すると、カウンターと3卓ほどあるテーブルに客は誰もいない。聞こえてくる客のにぎやかな声は、どうやら2階のお座敷かららしい。

うーん、こりゃ間違えたかと思いつつ、とりあえず「こまい」と「行者ニンニクの天ぷら」を頼み、生ビールを注入。「行者ニンニク」は、北海道では「アイヌネギ」とも呼ぶそうで、たしかにネギのようなニンニクのような味がする。醤油漬は食べたことがあるけれど、天ぷらは初めて。これがとてもおいしく、量もたっぷり！　こまいも大ぶりのものが3匹も盛り付けられている。値段を考えるとてもうれしいのだが、お腹はけっこういっぱい。いい店だが、一人呑みにはまったく合わない店に入ってしまったようである。のんべえ道は厳しい、まだまだ未熟ものだ。八戸の横丁は、いつか再挑戦しよう。

実を言えば、先ほど店の前まで行ったのだが、入れなかった店があった。『ばんや』という、太田和彦さんの本にも登場する名居酒屋だ。木造の一軒家に縄のれん。店構えがよすぎる。素敵すぎるのだ。先ほどはびびってしまったが、今度はだいじょうぶ。さっきの店で飲んだ生ビールが気分をほぐしてくれている。

木の引き戸を開けた瞬間、「ああ、懐かしい」と思う。障子戸に、使い込まれていい艶を出す木のカウンターと椅子。天井から下がるたくさんのガラスの浮き球から漏れる暖かい灯が、店内を照らしている。

若い男の店員さんが、「どうぞ」とカウンター席に誘ってくれた。

味のある墨字で描かれたお品書きから「ごぼうと馬肉の味噌煮」、「いかの共和え」、「ツブ貝刺身」をいただくことにする。お酒は他県のものもあったが、やはり青森の「豊盃」。しっかりとした酒の味が、味噌味の馬肉、肝をまとったいかにもよく合う。

客同士の話し声と、小さなテレビの音が流れ、静かすぎない店内はかえって居心地がよかった。

「料理の写真を撮ってもいいですか?」

カウンターに立つ若い衆に聞くと、「どうぞどうぞ。店内もかまいませんよ」と言ってくれた。別の客と話している女将さんも、にこやかに笑っている。ぐいのみを傾けては、浮き球の灯を見上げる。ああ、お酒も料理もおいしいけれど、この雰囲気がまた得

「豊盃」とともに「いかの共和え」など

天井に吊られた「浮き球」が店内を照らす

がたい。いつまでも、ずっとこうしていたくなる。

「浮き球、きれいですねぇ」

白髪が品のよい女将さんに話しかけてみた。

「もう50年以上前に店を始めるとき、主人がいろいろ凝って。このガラスの中に電球を入れるの、たいへんだったんですよ。あの地震でも、棚のものは落ちたんですが、浮き球はなんともなかったんです」

天井には、浮き球と同じく、わらで結んだ凍み豆腐や干しとうもろこしがぶら下がっている。

「凍み豆腐やとうもろこし、本物なんですか？」

女将さんに聞いてみた。

「ええ、そうなんですよ。農家ではこうして下げておくんです」

懐かしく感じたのは、私の実家でも昔こうして軒下に下げていたからかもしれない。

店の看板とお品書きの字は、ご主人が描かれたのだという。味のある墨字なのだが、女将さんは「読めないでしょう？」と笑う。

「いいえ、素敵な字です！」

ご主人、粋で多才な方だとお見受けしました。うかがってみれば、今は病気療養中だという。

「3年前に倒れまして。今は私が店に出て、息子が料理をしてるんですよ」

50年前にご主人が始めた店を、女将さんと息子さんが静かに守る。そして、若き店員さんたちも、長く続いた店しか醸し出せない、この落ち着いた空気に溶け込んでいる。

「時化て漁ができないときは、臨時休業もあるんですよ」

私が一人で呑んでいるからか、店員さんもいろいろ話しかけてくれる。

立ち去りがたいけれど、「帰ります」と挨拶をする。女将さんと息子さん、そしてアルバイトらしい先ほどの若い店員さんたちが、にこにこと見送ってくれる。

7年遅れの八戸で、出会えてよかった。その店で飲むためだけに旅をしたくなる――そんな一軒がまたできてしまった。

【ばんや】
■青森県八戸市朔日町4　☎0178-24-5052　■18時～23時　日曜休　■席：カウンター、テーブル約30席
■つまみ：イカぽんぽん焼き、山菜、煮魚、刺身、さんぺい汁など青森の郷土料理や海の幸がもりだくさん。■**酒**：日本酒・豊盃、陸奥八仙、田酒など青森をはじめ全国の銘酒が揃う。生ビール、瓶ビール、焼酎あり。
■一軒屋に縄のれん。木枠の引き戸を開ければ、漁に使うガラスの浮き球や干物が下がり、旅情と郷愁をしみじみと感じさせてくれる。値段の記載はなく、1人4000～5000円くらい。

●平興商店―盛岡―

もっきりながら語り、学ぶ酒場「平興学校」

年に1度か2度、盛岡に通うようになって何年経つだろうか。仕事の都合で全国のさまざまな地で暮らしたいとこ夫婦が、定住の地を盛岡に定めたのは10年ほど前のことだ。数多くの土地で暮らした二人が、自分たちの意思で選び、住んでいる街を見てみたくて、ある年盛岡を訪れた。盛岡は、実に気持ちのよい街だった。

市の中心部に北上川と中津川、2つの清流。風が心地よく通り抜けていく。はるかかなたには岩手山が優美な姿を見せる。

食べ物もいい。山の幸はもちろん、内陸部であっ

おかみさんが「もっきって」くれる

ても三陸からもたらされる海の幸が豊富だ。米どころでもあり、水がよいので地酒が美味しい。

そして、「何より、人がいいんだ」といとこのヒロシ兄がつぶやく。隣では妻のカオリさんがニコニコと笑っている。

二人からは、季節ごとに誘惑の便りが届く。

「八幡平の紅葉を見てきました」

「そろそろ、きのこラーメンがおいしいですよ」

「中津川に鮭が上ってきました」

そんな強力な誘惑のひとつが、「もっきり」だった。

「盛岡でもっきり。いいぞ〜」

なんだかわからないが、とてもいい響きだ。「もっきり」。

聞いてみれば、もともとは「盛り切り酒」ということらしい。

つまり、コップにぎりぎりまで酒を注ぐこと。日本全国の居酒屋でよく見られると思うが、これを岩手では「もっきり」と呼ぶわけだ。盛岡あたりの居酒屋では、「お銚子にしますか、もっきりにしますか」というように使われる。そこから、酒屋の店先でお酒を飲むことも「もっきり」というようだ。東京で言う「角打ち」にあたるだろう。

で、「『もっきり』行ぐべ」とヒロシ兄が言う。

別の友人は、

「もっきっておくが(もっきり、呑んでおくか)」てな感じで使う。

もはや動詞なのである。

昔ながらの「もっきり」ができる酒屋は、盛岡市内に数軒あったのが、現在では2軒にまで減ってしまったという。その一軒が「平興酒店」だ。

「平興商店」は、地酒「菊の司」の蔵元の向かい側にある。「菊の司」とは親戚筋にあたるという。引き戸を開けると、お酒が並ぶショーケース、その奥にはテーブルが置かれている。ここが「もっきり」の場だ。

壁に貼られたお品書きには、「純米辛口七福神」「にごり酒」「平井六右衛門」……「菊の司」のさまざまな銘柄が並ぶ。200円から、一番高い「大吟醸てづくり七福神」でも400円という、やさしい値段だ。「にごり酒」をお願いすると、おかみさんが、テーブルに置いたコップに一升瓶から注いでくれる。トクトクトクッ。そして、コップのふちぎりぎりで止める。「おおっ」と拍手するわれわれ。表面張力、まさに「もっきり」。おかみさんの技である。ここで恰好を気にしてはいけない。コップを動かしては「血の一滴」がこぼれてしまう。口をコッ

みんなでもっきり酒を
「お迎え」に！

プのふちに……「迎えにいく」のである。にごり酒のやさしい味わいが、じわっとおなかに沁みわたる。ふわっとした気分に浸っていると、黒猫がやってきた。

「あら、ごめんなさいね、その席はミミちゃんの指定席なの」

おかみさんの言葉で、その白い椅子に座っていたヒロシ兄が隣の席にずれる。「ミミちゃん」はしなやかに、優雅にその指定席に座るのだった。飲むか？ミミちゃん。

「ミミちゃん、いい子ですねえ」

「うちの看板猫なんですよ、この前雑誌にも紹介してもらったんです」と、うれしそうなおかみさん。

おなじみさんが2人、次々とやってきた。

「そういえば、ここは『平興学校』って呼ばれてるんだよ」

カオリさんが教えてくれた。

「お客さんにいろんな仕事の人がいるからねえ。ここで飲んでれば、勉強になるからだよー」

と、さっき飲み始めたおなじみさんの一人。なるほど、店内にはたくさんの書や絵、俳句がさりげなく掲げられている。「もっきり」しながら時事や芸術について語り合い、ときには熱くなったりもするのだろう。

眺めていると、お品書きに「カン付値段　フラスコ　400㎖440円」とあるのに気づいた。あの、理科実験に使う「フラスコ」だろうか。

「学校だから、フラスコで燗すんのがなあ」

ヒロシ兄がつぶやくと、

「量がはっきりわかるからね」とおかみさんがあっさり言う。

あらら。あくまでも実用性のようである。しかし、昔ながらの店内で、フラスコでつけた燗酒を飲めば、なにやら本当に学校のようで楽しい。

次は秋ごろか、また「平興学校」の生徒になろう。

［平興商店］

■岩手県盛岡市紺屋町6－12　☎019－622－2753　■9時半～20時半、日曜・祝日12時半～20時半　■席：テーブル10席くらい　■**つまみ**：チーズ、スナック、缶詰など店内で売っているものを購入できる、角打ち方式　■**酒**：菊の司辛口200円、にごり酒240円、平井六右衛門330円、亀の尾330円、ビール大瓶400円　赤ワイン160円

■酒屋の一角でコップ酒、盛岡風に言うと「もっきり」が楽しめる。目の前にある酒蔵「菊の司」は親戚ということで、「菊の司」のさまざまな銘柄が楽しめる。

●ふかくさ―盛岡―

川のほとりのテラス席で、ピアノの音色と贅沢な一杯

盛岡に行くと、たいてい夕方早めから飲み始める。駅の立ち飲みもいいけれど、一番好きなのは晴れた日に『ふかくさ』で飲むことだ。『ふかくさ』は居酒屋ではなく、中津川沿いにある喫茶店だ。コーヒーなどのほか、軽いおつまみとお酒を置いている。一軒家の古い建物は蔦でほぼ覆われており、風情たっぷりだ。窓からは川縁の緑と、犬を連れて散歩をする人たちの姿が見える。

初めて一人で訪れたとき、「ここは通勤路なんですよ」という男性と一緒になった。自宅から職場までのほぼ全行程が、この川べりの道なのだという。そして、帰宅の途中、たいてい『ふ

かくさ』で軽く一杯飲んでから帰る。その方は、午後5時過ぎには、とても穏やかな笑顔で飲んでいた。ああ、うらやましい、いい街だなと思う。

そして、そんな街で暮らしたいと移り住んだいとこのヒロシ兄とカオリさんから、季節ごとの便りをいただく。春から夏の『ふかくさ』はなんといっても外の席がいい、と二人は言う。外で飲んでいる気持ちよさそうな写真を何度も送ってきては、「遊びに来ないか」と誘惑するのだ。

やっと「ふかくさ外呑み」が実現したのは、5月の連休である。「夕方4時頃、『ふかくさ』集合!」と、話は早い。

快晴の盛岡、川の土手も緑、『ふかくさ』の蔦も緑だらけ、もじゃもじゃもじゃである。玄関脇に伸びるシンボルツリーの下でともかく乾杯だ。

「ああ~、うまいっ」

一杯目のビールはなんでこんなに美味しいのだろう。ずっと一杯目のおいしさが続けばいいのに、と思いながらごくごく。中津川の水はきれいで、鴨が泳ぐ。

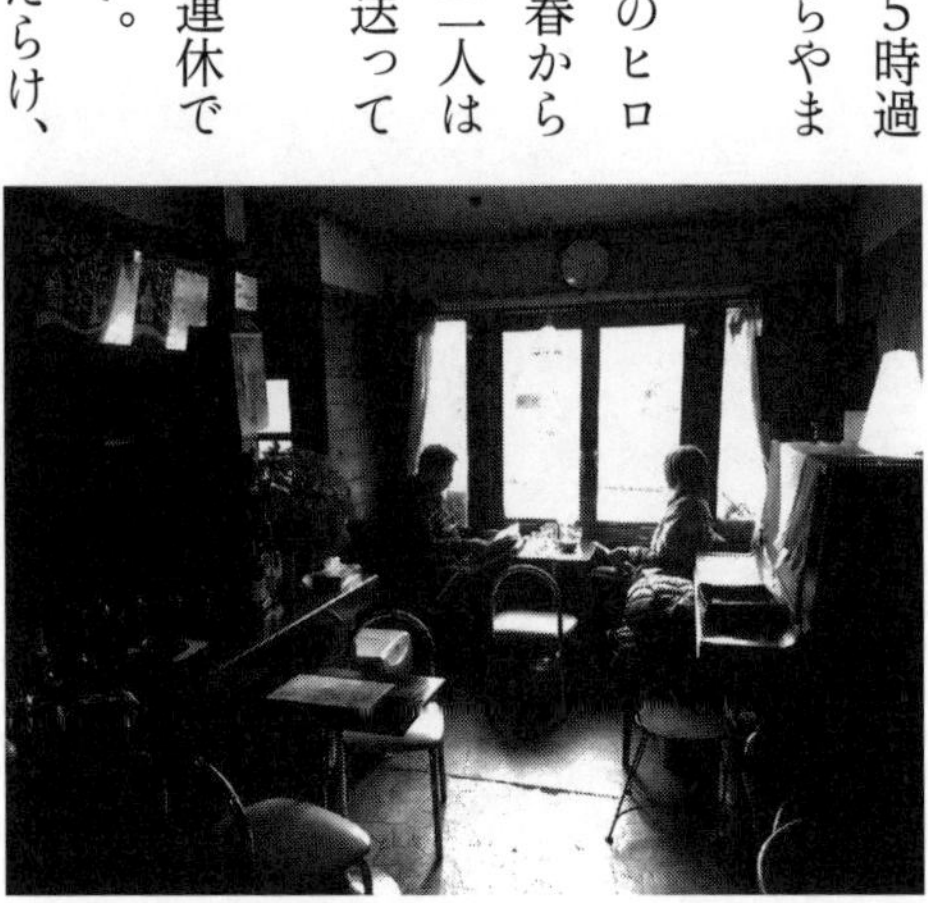

「秋にはここに鮭が上ってくるんだ」とヒロシ兄が語る。

鮭が上る頃、また来たいなと、先のことを考えてしまう。

ヒロシ兄は2杯目からウイスキーに、妻カオリさんと私は盛岡の地ビール「ベアレン」へ。ドイツ式で醸造するベアレンは味がしっかり、「北のビール」という感じがして大好きだ。盛岡に来ると、必ず飲みたくなる。

ここまでは盛岡の夜の助走だ。さて、どの店へ行きましょうか。

「あそこはもう閉めちゃったしなあ」

「あの店がいいんでない？」

「でももう一杯、ベアレン呑んでから」

などと、相談するのもまた楽しい。

この日は、別の居酒屋で呑んだあと、みんな『ふかくさ』に戻りたくなってしまった。

「まだやってる？」と、おそるおそる店の近くに行くと、なぜかピアノの音色が聞こえてきた。

そうそう、店内にはたしか古いピアノがあった。そのピアノが奏でられ、数人が楽しげに飲んでいるのだ。

「この人指揮者なんですよ」。ピアノを奏でる男の人を見て、別のお客さんが教えてくれた。

軽やかな音楽が、夜の中津川沿いに流れていく。我々はまたも外の席を陣取り、ピアノの音色とさざめくような会話をＢＧＭに、ウイスキーを味わった。

後日お店の方にうかがうと、もう約60年この中津川のほとりで店を営んでいるという。

「創業したのは主人の母です。義母は東京で声楽を学んだ歌手で、盛岡に戻ってこの店を開いたんです。だからピアノが置いてあるんですよ。もう他界しましたが、15年程前に私たちが店を継いでからも、よく店のピアノを弾いていました」

ときには、マダムがピアノを弾いて歌い、誰かが踊り、お酒を飲んで過ごした夜もあっただろう。あの夜が、心によみがえった。我々と一緒に、亡きマダムも歌っていたかもしれない——。

やっぱり、いい街だなあ、盛岡。そして贅沢だ。

［ふかくさ］
■岩手県盛岡市紺屋町1-1-2　☎019-622-2353　■11時半〜15時、17時〜23時、不定休　■席：テーブル、テラス席10席くらい　■**つまみ**：小鉢300円〜、チーズ350円、枝豆350円、冷奴350円、お漬け物350円、さつま揚げ400円、チョリソ400円　■**酒**：日本酒・菊の司400円、生ビール450円、ベアレンビール600円、珈琲焼酎500円、グラスワイン450円
■宮澤賢治が愛した「銀ドロ」の木が木陰を作り、つたがからまる川沿いの喫茶店。酒場ではないが、アルコール類を楽しむ人も多い。暖かい季節はテラス席で呑むのもいい。

●やはぎ—花巻—

「自炊部員」をもてなす懐深い食事処

正確に言えば、『やはぎ』は酒場ではない。岩手県花巻市にある大沢温泉「自炊部」にある食事処だ。けれど私にとっては温泉とセットになった、最高の「酒場」なのである。

大沢温泉は、緑に包まれた川沿いの一軒宿。風情ある露天風呂、水車や茅葺きの建物はどこまでも懐かしい雰囲気だ。湯はなめらかで、肌にしっとりとやさしい。古くは高村光太郎や宮澤賢治も泊まった歴史ある温泉だ。

そして、その「自炊部」とは何か。

農閑期などに人々が身体を癒やすため、数日間自炊をしながら泊まり込む「湯治」をするための建物だ。大沢温泉には新しく建てられた旅

館も別棟にあるのだが、この昔ながらの「自炊部」も大切に営まれている。古くはこうした湯治用の宿はたくさんあったのだろうが、最近では数少ない。

岩手の郷土料理「ひっつみ」

「自炊部」の建物は最も古く、「旅籠」と呼びたくなる懐かしい雰囲気だ。いや、ほんと飛脚が玄関で足を洗っていそうなのである。帳場や待合室などの使い込まれた木の机、なんともいえないいい艶が出た廊下、そして館内を毎朝回る牛乳売りの声。ここにいると、ただただのんびりとした気分になっていく。

一度泊まって以来、私はすっかり自称大沢温泉「自炊部員」になってしまった。

ある年の夏、念願だった「ひとり自炊部2泊」を実現させた。盛岡で、まずは大好きな地ビール「ベアレン」を8本仕入れた。それから、盛岡が誇るすばらしい本屋さん「さわや書店」で本を買い込み、大沢温泉到着。まずは荷物を置き、温泉に浸かろう。

よ～く温まって温泉から上がったら、畳の上で何も考えず「ベアレン」をぷしゅっ。瞬間、「ああ、大沢温泉があれば生きていける」と思うのである。

「自炊部」なので、食事はつかない。これが、のんべえにはむしろうれしい。旅館の立派な食事は豪華だけれど、これでもかと出されて、およそ2時間で食べきらねばならない。まだまだ夜は早いのにお腹いっぱい、「アフター」はお酒もあまり入らなくなって……せっかくの旅先なのに、うう、無念。この気持ち、

のんべえならわかってくれることと思う。

「自炊部」だから、調理場があり、調理器具や食器もある。材料を買ってつくってもいいが、1人で作っても無駄が出てしまう。そこで、食事処『やはぎ』の登場だ。そば、定食以外に、枝豆、イカゲソ揚げ、焼き鳥、天ぷら……ふっふっふ、いい酒のつまみも豊富に揃ってるのだ。ジョッキでビールを2杯呑んだ後は、岩手の地酒でゆっくりと晩酌タイム。そろそろ部屋でのんびりしたい気もする……。そんなときでも、だいじょうぶ！『やはぎ』は、部屋に持ち帰りOKなのだ。まずは店で居酒屋気分を味わい、2

大沢温泉は風情ある一軒宿だ

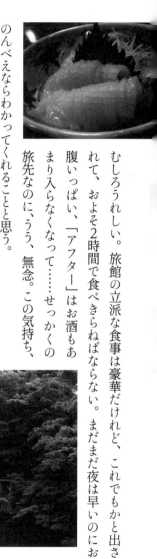

次会は「部屋飲み」。つまみを持ち帰り、行儀も何も関係なく、本を読みながらぐだぐだと呑む。信じられないほどの静けさと温泉のおかげなのか、いつのまにか、気持ちよく寝入っていた。

翌朝、「牛乳いかがですか～」という牛乳売りの声を聞く。ああ、朝だけど、今日もずっとここにいられるんだなあと、うれしくなる。これが2泊のよさですね。

しばらくして、なんとものどかな館内アナウンスが流れた。

「とうもろこしがゆであがりました～」

なんだか、うれしくて泣けてきた。

大沢温泉自炊部、部員ただいま1名。これからも部活動に励みます！

【食事処やはぎ】

■岩手県花巻市湯口字大沢181　☎0198-25-2315　■11時15分～14時、17時15分～21時半　■席：テーブル席、座敷あり　■つまみ：焼き鳥1本95円、イカゲソピリカラ揚げ285円、ごぼうカリカリ揚げ285円、枝豆295円、大沢純そば570円、天麩羅盛り800円、ひっつみ定食800円　■酒：日本酒440円、生冷酒725円、生ビール中650円、焼酎水割り350円

■大沢温泉湯治部内のくつろげる食事処。気取らないつまみや天ぷらで一杯呑んで、大沢産蕎麦粉100%の手打ち蕎麦で締められる。量にもよるが1人前あたりプラス100円で、部屋への出前もOK。

●公友館　俺っ家―陸前高田―

名物は豪快「さすみ」とマスター「ひげますさん」

「おお、ほんごーちゃん、よぐ来たな」

2017年の夏、陸前高田の居酒屋『俺っ家』に行くと、店主ひげますさんがふくよかな笑顔で迎えてくれた。

私が『俺っ家』で初めて飲んだのは、2010年夏のことだった。

店の話からそれるのだが、「ひげますさん」こと熊谷さんとのご縁を少し語る。私は、「浮き球△ベースボール」という競技のチームに入っている。このけったいな名前のスポーツは、その名の通りホームベース、一塁、二塁しかない三角ベースボールだ。が、ボールがちょっと変わっている。魚の漁で使う、プラスチック

製の「浮き球」をボールとして使うのだ。詳しくは、「創始者」である作家椎名誠さんが書かれているので興味のある方はどうぞ（『海浜棒球始末記ーウ・リーグ熱風録』）。

ともかく、浮き球△ベースボールの競技人口はなかなかのもので、全国に約1000人。ひげますさんも、私もその一人というわけだ。

大会は全国各地で開かれ、2010年にはひげますさんが陸前高田の浜辺で大会を催した。美しい高田松原近くの海岸にキャンプを張り、翌日は砂まみれになって浮き球を追いかけ、夜は『俺っ家』で大宴会。食べきれないほどのカキ、サンマ……三陸の海の幸がこれでもかと用意されていた。宴会の終わりには、なぜか「マイムマイム」を踊る。これが陸前高田の大会では恒例なのだと、新入りだった私は後に知った。

美味しく、楽しく、何より、ひげますさんはじめ陸前高田の仲間たち

マスター「ひげますさん」！

の歓迎ぶりがとても幸せな気持ちにさせてくれた。その記憶がまだ鮮明な翌年3月、あの大震災が起こった。

多くの方が亡くなり、陸前高田の街も、あの美しかった砂浜も松原も、そして『俺っ家』も流されてしまった。ひげますさんの心の中はいかばかりだったか。

しかし、その年の6月、ひげますさんはなんと盛岡に『陸前高田　俺っ家』をオープンさせた。陸前高田から盛岡への移転、しかも3カ月後という早さだ。周囲からは、いろいろなことを言われたとも聞く。けれど私は、震災で受けた衝撃のなか、ひげますさんの力強さに何か希望のようなものを感じていた。「さすが、ひげますさん!」と。

盛岡の店にも、何度もおじゃました。季節の「さすみ」。標準語で「さしみ」のことを、この店では方言の発音に忠実に、こう表記する。春先の「わかめしゃぶしゃぶ」。さっと湯通しすると、信じられないような美しい翡翠色に変

身するわかめは最高においしい。内陸の盛岡にあっても、三陸、陸前高田のご馳走がいっぱいだった。『俺っ家』は盛岡でも大繁盛店となったのである。

陸前高田の地酒は「酔仙」だ。その蔵もまた大きな被害を受け、大船渡に新工場を設立した。「酔仙」が冬季限定で出す「雪っ子」という濁り酒がある。ひげますさんが大好きな酒で、私も『俺っ家』で呑み、すっかりファンになった。

震災のあと、ひげますさんに「雪っ子」を持参し呑んでもらったことがある。

「ああ、『雪っ子』だあ」

一口呑んだひげますさんが、しみじみとそう言った。私などの「好き」というレベルではない、身体に流れ、染み込む「血」のような存在なのだと、その一言が語っていた。

震災から6年。2017年6月、『俺っ家』は陸前高田に戻った。約30万人の大都市盛岡の繁盛店を惜しげもなく閉め、ひげますさんは故郷に帰ったのだ。

いか下足とワタを焼く「下足腑焼」は酒に合う！

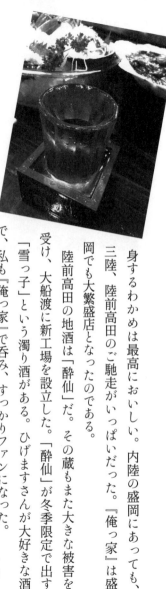

豪勢な「さすみ盛り」と行こう

その夏、陸前高田を訪れた。かさあげ地に建てられた新しい店には、『公友館　俺っ家』という暖簾が下がる。「公友館」という名に、情の厚いひげますさんの思いが伝わってくる。店の周りの風景は以前の陸前高田とは一変してしまった。けれど、『俺っ家』のうまい「さすみ」とひげますさんの笑顔は健在だ。そして、かさ上げした新しい市街地にはどんどん店が建ち、新たな陸前高田が生まれつつある。

今度は冬に、陸前高田に行こう。新たな『俺っ家』で、相変わらず豪快に盛られた「さすみ」をいただき、「雪っ子」をとことん呑むのだ。

【公友館　俺っ家】
■岩手県陸前高田市高田町字大町54-1　☎0192-22-7705　■17時～23時、月曜休　■席：カウンター、テーブル、座敷50席　■つまみ：めがぶ300円、ほるもん400円、いがさす450円、ホダデさす500円、下足腑焼500円、エイヒレ焼500円、俺っ家ほるもん鍋600円　■酒：日本酒・酔仙もっきり400円、月の輪、山本、奈良萬など200㎖800円、生ビール中500円、ベアレン600円、焼酎200㎖700円、ワイングラス400円

●久村の酒場—酒田—

いい酒場がくれる、呑んだ時間を反芻する幸せ

日本全国、いろんな街で呑み歩きをしてきた。その街のいい酒場を、ネットで探ることもあるが、まずはホテルのスタッフの方に聞くことが多い。そのうえで街をぶらつくのだが、人にも聞かず、まったく偶然にいい店を見つけたときは本当にうれしいもの。えらそうにも、自分の「嗅覚」もなかなかだわい、と越後屋のようにほくそ笑んでしまう。

山形県酒田市で、のんべえだったら入りたくなる率100%の店に出会った。

赤提灯が灯るその店の看板には、『久村の酒場』とある。

ひとまず、中にいるおかみさんに声をかけてみる。

「すみません、何時までやってますか?」

店を切盛りする、おかみの久村とし江さん

「あら、そろそろ閉めようと思ってるんですけど」

まだ時間は9時前、店じまいが早いのだ。

「少しならいいですよ」とおかみさん。先客はおふたり。「では少しだけ」とありがたく呑ませていただくことに。入ってみれば、店内はタテに長い。

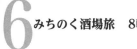

「本当はこんなに長くなかったんですけど、増築して奥に座敷を作ったんです。あ、そのあたりは昔、池だったんですよ」

池⁉　おかみさんの指さすあたりを見れば、何やら床に蓋がついている。

うれしい「揚げゲソセット」

「そうそう、そこを開けると……」

「池だ！　あっ鯉がいる！」

「そこから餌をあげるんですよ」と、笑うおかみさん。なんとも素敵な酒場です。

「もともとは酒屋だったのが、昭和になって現金収入が欲しいということで呑み屋を始めてね」とおかみさん。慶応年間から続く老舗だという。

「そこにお嫁に来たんですね」と返せば、

「ええ、そうですねぇ」とはにかんだような笑顔。庄内の女の方には、品のよいかわいらしさがありますね。

カウンターに戻れば、先客さんが話しかけてくれる。きっちりした予定のない旅だと言うと、「明日はどこへ行くのか」と心配してくださる。

「『土門拳記念館』には時間をたっぷりとってくださいね」

「『山居倉庫』は、吉永小百合のCMでロケをしたところなんですよ」

おふたりの酒田への愛がじんじんと伝わってくる。

「あ、この『揚げゲソセット』オススメです」

もちろんオススメの「揚げゲソセット」と、お酒を頼む。酒田では「揚げ」といえば厚揚げのことだという。

「一人でいらっしゃる常連さんがね、『揚げ』と『ゲソ揚げ』を別々に頼むと食べきれないから一緒にならないか、と言ってできたメニューなんですよ」

とおかみさん。なるほどなるほど、わかるな

「沖ギスのすり身汁」は絶品

あ、その気持ち。それに応えてくれるお店もやさしい。

「京都と同じなんですよね。酒田は北前船のおかげで、京都から直接文化が入って来てましたから」

歴史の教科書で読んだ「北前船」が、今につながる。

「昔は、あそこで一升瓶ごと温めてお燗してたんですよ」と、おかみさんが指さす先には大きなストーブ。一升瓶ごと！　それもまた楽しそうだ。

自家製だという「揚げ」は、サクッと香ばしく中はふんわり。

「おひとりだと、これ一皿とお酒2杯の『940円コース』の方も多いんですよ」

お酒は1杯270円、つまみ一皿と2杯で940円！　なるほど、それはごきげんですね。最後に「沖ギスのすり身汁」をいただく。上品なうまみたっぷりの汁に、繊細な味わいのすり身。贅沢な締めです。気付けば「少し」がずいぶん長くなっていた。

「また酒田にいらしてくださいねえ」というおかみさんとおなじみさんたちの声に送られて、店を後にしたのであった。ああ、また越後屋になってしまう。また来ますね、いつか必ず。

その6年後、新潟まで行く用事があり、酒田まで足を延ばした。カウンター席は満席、大忙しである。ひとりカウンターでビールを呑みつつ、折りを見ておかみさんに挨拶をしようと思っていた。

「お客さんは初めてですか?」と、おかみさんが先に話しかけてくれた。

「いえ、私実はずいぶん前に……」

「やっぱり、本郷さん?」

おかみさんは、覚えていてくれたのだ。『久村の酒場』のことを書かせていただいた記事も、店に飾っておいてくれた。

「あれえ、東京からですか」

「雑誌のライターさんなの?」
話しかけてくれるおなじみさんたちも、やっぱりみんな温かい。酒田の土地柄と、店を切盛りするおかみさんのお人柄なのだろう。すっかり気持ちよく酔ってしまい、〆に「沖ギスのすり身汁」を注文しようとすると……「あれ、芋煮あるんだね」という誰かの声。

「ありますよ。うちの芋煮はね、昆布で出汁を取ってるの」とおかみさん。

「芋煮」は、今の時期ならではだ。作戦変更し、「芋煮」をいただく。里芋、にんじん、ネギ、豚肉と具だくさん。身体に沁みわたるような、やさしいうまさだ。肉が入った汁に昆布のだし、合うんですね。

「また来ますね」。6年前と同じように、おかみさんに約束して店を出た。

東京に帰ってきて、ふと「久村の酒場」で呑んだ時間を思い出すと、また幸せな気持ちになっている。いい酒場って、こういうことなんだなと思う。遠く離れたところで、繰り返し反芻するのもまたうれしい。何度も人を幸せにしてくれる。そして、「あの酒場が待っていてくれる」——そう思うことが、日常をがんばる力になる。

けれど6年間開いたのは、ちょっと長すぎた。

今度は、なるべく早く行こう。酒田へ。


【久村の酒場】
■山形県酒田市寿町1−41 ☎0234−24−1935 ■17時半～21時、日・月曜休（月曜が休日の場合日曜営業・火曜休み） ■席：カウンター、座敷約30席 ■つまみ：自慢揚げ300円、揚げげそセット400円、沖ギスのすり身汁370円、手作り餃子430円、下足揚げ530円、酒屋のピザ760円 ■酒：日本酒270円～、初孫、東北泉、菊勇など季節によって多数揃う。ビール大瓶530円、生ビール中510円、焼酎1杯260円～

載せきれなかった好きな酒場 7軒

まことや

■東京都新宿区荒木町1-1　☎050-5593-8421
■荒木町の路地奥にあるやきとん屋。やきとんはもちろん、魚料理など何でもおいしい。私のお気に入りはどぶろくをビールで割った「どぶビー」。ぜひお試しを。カウンターとテーブル席あり。

めし板垣

■東京都新宿区四谷3-4-6　鳥重ビル1階　☎03-3226-0133
■カウンター15席ほどのこぢんまりとした定食の店。一品料理も充実しているので、夜は酒場として来たくなる。魚料理や豚肉の生姜焼きなどが美味。

折原商店

■東京都江東区富岡1-13-11　折原門仲ビル1F　☎03-5639-9447
■富岡八幡宮の門前にある酒屋。店内に100種以上揃う日本酒はほぼすべて有料試飲ができるから、かなり盛り上がる。つまみもあるので、立ち飲みとして楽しめる。

栄屋酒場

■神奈川県横浜市中区長者町9-175　☎045-251-3993
■1948(昭和23)年創業。歴史を感じさせる暖簾、使い込まれたテーブルや椅子など、懐かしく暖かい雰囲気。「うちは魚の店」とおかみさん。刺身をはじめ、魚料理が安くて美味。

西口やきとん　御徒町店

■東京都台東区上野4-2-10　☎050-5595-8425
■P33で紹介している「西口やきとん」の支店。本店よりも魚介系が豊富なのと、日本酒の種類も多いのがうれしい。12時から営業なので、昼飲みにもいい。

鳥扇

■東京都新宿区西新宿7-16-15第一歯朶ビル 1F　☎03-3363-3677
■東京シャモや薩摩シャモなど銘柄鶏を仕入れる焼き鳥店。店風はいたって気さくで、カウンターで気軽にうまい焼き鳥で一杯やれる。「ささみの風干し」は、あったらぜひ。

富士山

■東京都杉並区西荻南3-25-6　☎070-6668-3426
■西荻窪駅すぐ、昭和の香り漂う柳小路にある。一見「和」だが、生ハム、タコス、ワインを使った煮込みなど、意外性のあるつまみがいい。店内と外席もある立ち飲み。

あとがき

数え切れないほどたくさんの酒場で、時には友だちと、時にはひとりで呑んで来ました。たいていは楽しいお酒ですが、なかでも「ああ、今日はいいお酒だったなあ」と思う夜があります。なぜだろうと考えると、料理やお酒がおいしいこともちろんですが、やはりそのお店が持つ「場の力」のようなものが大きいと感じるのです。それはきっと、ご主人やおかみさんの笑顔であったり、何気ない会話だったり、お客さんたちの雰囲気であったり、さまざまなものが融合されて醸されるもの。そんな、大好きな酒場で過ごす時間に救われた日もたくさんありました。

もっとおいしいお店はほかにあるかもしれない、もっと珍しい酒を出す店もほかにあるかもしれません。けれど、自分にとってほんとうに落ち着く、いい時間を過ごせる酒場が数軒あればいいのだと、しだいに思うようになりました。

今回、ほとんどの店について、取材した内容ではなく、客として呑んだ時のことを好きに書かせていただきました。この本を読んでくださった方が、心から落ち着ける一軒に出会う手助けになれば幸いです。

ご登場いただいた店のなかには、以前取材依頼をして断られた店が2軒あります。けれど、だめもとのラブレターのように原稿をお渡しすると、両店とも快諾してくださいました。「店の記念になるよ」と答えてくださったご主人もいらっしゃいました。

わがままな企画をお許しくださったお店の方々、ほんとうにありがとうございます。

文章中に登場してもらった呑み友だち、写真を提供してくれた方々、ありがとうございます。

そして、「おとなの週末」創刊編集長であり、この本を企画、編集してくださった奥裕好氏に心から感謝します。

本郷明美

本郷明美（ほんごうあけみ）

1967年福島県古殿町生まれ。1993年から、バリアフリー、飲み歩き、教育、旅などの分野でフリーライターとして記事を執筆。2011年『どはどぶろくのど』（講談社）を出版。2013～2015年にかけて「おとなの週末」誌上にて、さまざまな街で銭湯に浸かって飲み歩く、「熱い銭湯、きゅっと一杯」を連載した。

ツイッターは@nombe_hongo

［編集・制作］有限会社プロップ・アイ

［装丁・本文デザイン］小野寺勝弘（gmdesigning）

［撮影］西崎進也、齊藤 正、小島昇、香山知子、鈴木陽子、本郷明美

ブラ酒場《さかば》　女《おんな》も酔《よ》う 奇跡《きせき》の55店《てん》

2019年4月15日　第1刷発行

著　者 —— **本郷明美《ほんごうあけみ》**

発行者 —— **川端下誠 / 峰岸延也**

編集発行 — **株式会社　講談社ビーシー**

〒112-0013 東京都文京区音羽 1-2-2

電話 03-3943-6559（書籍出版部）

発売発行 — **株式会社　講談社**

〒112-8001 東京都文京区音羽 2-12-21

電話 03-5395-4415（販売）

電話 03-5395-3615（業務）

印刷所 —— **豊国印刷株式会社**

製本所 —— **牧製本印刷株式会社**

ISBN978-4-06-515593-6

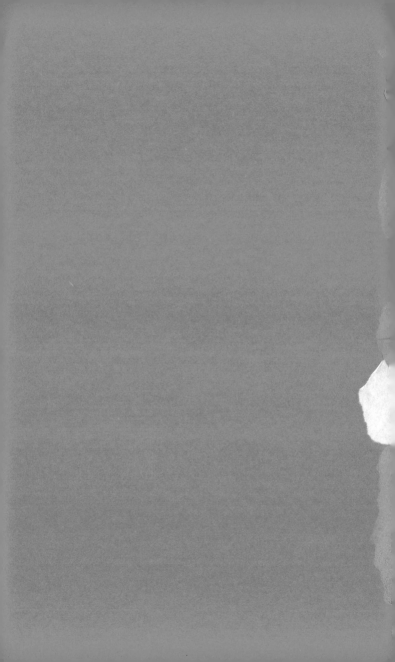